四権分立の研究
―教育権の独立―

大﨑素史 編著

第三文明社

まえがき

　本書は、創価大学創立者・池田大作先生（SGI〈創価学会インタナショナル〉会長）が提唱した、立法、司法、行政の三権から教育権を独立させる構想である「四権分立」に関する研究をまとめたものである。

　この構想は、池田先生によって1969（昭和44）年に提唱されて以来、長年にわたり、多くの方々によって研究や論評が行われてきた。しかし、残念ながら、これまで体系的な研究までには至っていなかったと言ってよい。

　そうしたなか、2012（平成24）年後半から有志が集い、池田SGI会長の構想の研究を行おうとする動きが活発化し、2013（平成25）年2月9日には、第1回「四権分立シンポジウム」が創価大学S201教室で開催された。その後、私的な勉強会「四権分立研究クラブ」（代表：大﨑素史）が同年4月20日に発足し、そこで関係資料を整理し、新たな考察を加えながら、今後の研究の基礎資料を作成していくこととなった。本書はその成果であり、大﨑が講義等で使用する教科書でもある。

　「四権分立」と聞くと、すぐに既成概念の範疇（国家教育権論争、憲法改正論争等）で捉え、我が国における政治的な運動を意図しているのではないかと誤解する人がいるかもしれない。しかし、この構想は、池田SGI会長の透徹した人間観に基づいた、世界人類のはるかなる未来を見通した大変奥の深いものであり、一国の枠におさまらない普遍性をもつものである。

　その上で、現代の日本においては、政治家や地方自治体の長などがその意思を教育においても十二分に反映させたいと願い、「教育権の独立」とは逆ベクトルの改革を行おうとする傾向が強まっているように見受けられる。

　また、世界に目を転じると、いまだユネスコが提唱する生涯教育の理想は達成されているとは言えず、国家間や国内の紛争等によってま

ともな教育を受けられない人々も少なくない。その他にも、為政者(いせいしゃ)の交代や政治体制の激変などによって教育方針が大きく変化し、混乱を招くような国家もあるようだ。

　そのようななか、池田SGI会長の平和思想や教育思想などへの関心は、世界的に、また年ごとに高まっている。世界各国の大学など学術機関におけるその研究も、人類史的な課題に光明をもたらすものとして、盛んに行われるようになってきている。

　このような時代に「四権分立」の構想について改めて紹介し、さらにその具体化への基礎的な研究を行うことは、人類の未来に向けた無限の価値を生ずるものであると信じてやまない。本書が、世界各国におけるすべての人々の幸福実現のための社会建設・改善の一助となることを切に願うものである。

　なお、本書は、初めて「四権分立」を学ぶ読者を意識して編集しており、今後も新たな関係論文や資料等を収録していきたい。また、そうすることによって、この構想の全体像がより明確化することを期待している。

　加えて、本書に収録した論文等の研究内容は、純粋に学問的なものであり、その内容の責任は、各執筆者及び私のみが負うものである。したがって、創価大学等の機関・団体の方針や実際の政治活動等とは無関係であることを明記しておく。

　末筆ながら、各執筆者をはじめ関係者のご理解とご尽力に、心より感謝の念を表したいと思う。

　　2013年11月18日
　　　　　　　　　　　執筆者を代表して　　大﨑素史

目 次

2 | まえがき

7 | 論文 001
池田SGI会長による四権分立の提唱とその意義
大﨑素史

はじめに
Ⅰ 四権分立とは何か
　1. 四権分立の提唱
　2. 背景としての昭和40年代前半における教育界の状況
Ⅱ 教育権の分類と池田SGI会長の提唱の歴史的意義
　1. 思想上の教育権諸説
　2. 制度上の教育権独立の諸説
　3. 池田SGI会長が提唱した第四権としての教育権の意義
Ⅲ 「教育国連」創設及び「教育センター」創設の提唱と意義
　1.「教育国連」創設の提唱と意義
　2.「教育センター」設置の提唱と意義
Ⅳ 今後の研究課題

35 | 論文 002
教育の独立性とナショナリズム、ポピュリズム
── 「教育のための社会」と「四権分立」をめぐって ──
小山内 優

はじめに──政治と教育の緊張関係
Ⅰ 国際的レベルの教育の独立性
Ⅱ 国レベルの教育行政の独立性

1. 教育と政治の緊張関係
　　　2.「教育権の独立」と「四権分立」の構成
　　　3.「教育権の独立」と日本国憲法
　　　4. 内閣における「教育大臣」の責務
　　　5. 教育財源の問題
　　Ⅲ　地方レベルの教育行政の独立性―首長と教育行政
　　Ⅳ　地域の公立学校の独立性

　　おわりに

51　論文003
四権分立の可能性
── 日本とコスタリカ共和国の制度の比較を通じて ──
石坂広樹

　　はじめに
　　Ⅰ　四権分立の姿
　　Ⅱ　池田SGI会長・牧口創価学会初代会長の具体的な提言
　　Ⅲ　日本の現状
　　Ⅳ　コスタリカの現状
　　Ⅴ　日本とコスタリカにおける四権分立（私案）

　　おわりに

113　論文004
返還前の沖縄の教育税制度研究
──「教育の自主性」のための教育委員会制度と予算編成権 ──
横山光子

　　はじめに
　　　1. 研究の課題と目的
　　　2. 研究の方法

Ⅰ 米軍の統治政策と教育関係法
　　1．米軍の軍政府機構と沖縄諮詢会
　　2．琉球教育法と琉球政府の設立
　　3．教育法

Ⅱ 琉球政府の中央教育行政機構
　　1．中央教育委員会と文教局
　　2．区教育委員会と連合教育委員会
　　3．教育長

Ⅲ 民立法「教育四法」の成立と教育税制度
　　1．教育四法成立までの経過
　　2．教育税制度
　　3．区教育委員会の予算編成と公聴会

おわりに

149 | 資料001
**池田SGI会長の四権分立、
教育権独立等に関する提言集**
矢野淳一

177 | 研究ノート001
池田SGI会長の四権分立関係提言の内容別分類
四権分立研究クラブ

194 | 記録001
「四権分立シンポジウム」の記録
四権分立研究クラブ

198 | あとがき

● 装幀／志摩祐子（有限会社レゾナ）
● 本文レイアウト・組版／有限会社レゾナ

論文 001

池田SGI会長による四権分立の提唱とその意義

大﨑 素史
OSAKI, Motoshi

ここでは、池田SGI会長が提唱した教育権独立の構想「四権分立」とはどのようなものかを概観する。

はじめに

　昭和44（1969）年、池田SGI会長は、極めて画期的な"第四権としての教育権"を提唱した（「大学革命について」、雑誌『潮』昭和44年7月号に所収、執筆は5月13日付）。本稿は、その内容と意義について紹介し、考察するものである。
　具体的には、次の内容で紹介・考察する。
1. 四権分立とは何か（池田SGI会長の提唱の内容、当時の歴史的背景）
2. 種々の教育権諸説と池田SGI会長提唱の意義
3. 池田SGI会長の「教育国連」、「教育センター」の創設提唱と意義
4. 今後の研究課題

　　（注）この1〜4は内容を表したものであり、実際はⅠ〜Ⅳでそれぞれ別の表題で表し、さらに小項目を付けて展開することとする。

Ⅰ　四権分立とは何か

1. 四権分立の提唱

　池田SGI会長は、「大学革命について」と題する論考を昭和44（1969）年、雑誌『潮』7月号に寄せて、当時全国で混迷していた国家的大問題であった大学紛争状況における学生への共感を示しつつ、その根本的問題解決のための提唱をした（執筆は同年5月13日付）。まずは、その提唱部分を引用する。
　「最後に、大学、ひいては教育の再建のために、政治と教育のあり方について、一言、申し述べたい。
　それは、現在の政界の一部には、政治権力の介入によって大学の再建を図ろうとする動きがあるようだが、それでは、さらに火に油を注ぐことにしかなるまい。真の解決策は、むしろ教育の尊厳を認め、

政治から独立することに求めなければならないと思う。
　本来、教育は、次代の人間と文化を創る厳粛な事業である。したがって、時の政治権力によって左右されることのない、確固たる自立性をもつべきである。その意味から、私は、これまでの立法、司法、行政の三権に、教育を加え、四権分立案を提唱しておきたい。」
　「政治権力の介入によって大学の再建を図ろうとする動き」とは、大学管理法案のことである。[1]
　さて、この第四権としての教育権という考え方（制度論）の根本のねらいは、教育の自主性・自立性の保障であることは引用の通りである。しかし、第四権として教育権を独立させるということは、どういう制度あるいは現実のことなのか。大きな課題であり、後述の「Ⅳ　今後の研究課題」を参酌していただきたい。

2. 背景としての昭和40年代前半における教育界の状況

　池田SGI会長は、"なぜ"第四権としての教育権の創設を提唱したのか、このことを理解することが必須である。というのは、この"なぜ"には、二つの"なぜ"がある。一つは、池田SGI会長は、"なぜ"この時期にこのような提唱をしたのか、ということ。もう一つは、池田SGI会長は、"なぜ"このような提唱をしたのか、ということである。ここでは、前者の"なぜ"について理解する上で、当時の教育と政治の状況を示したい。後者の"なぜ"については、後述の「Ⅱ　教育権の分類と池田SGI会長の提唱の歴史的意義」において述べることにする。
　昭和44年1月〜6月当時の教育と政治の概況は、次のようであった。
　昭和44年は、大学紛争の終結の年となった。大学紛争とは、昭和40年代初めからの学生による大学当局への抵抗・抗議と革命的闘争による紛糾であった。その要因は、昭和35年池田勇人内閣による所得倍増計画とその具現化（太平洋ベルト地帯を中心とした石油化学コンビ

ナート基地の建設等に代表されるような日本全国の経済・産業活性化の時代であった）に伴い、教育界において特に理工系人材の輩出が求められるに及び、大学の理工系学部の創設・増設・入学定員増が行われ、その結果、大学財政の赤字化→授業料の値上げ→学生の反発、となったものである。当然、そのうちには大学当局の管理主義的な対応、文部省（当時）の対応の遅れがあった。"全共闘"（「全学共闘会議」の略。大学自治会とは別に各大学につくられた学生の自主的組織の総称）を中心とした学生の破壊的活動、すなわちゲバルト（ドイツ語 Gewalt、暴力）による大学当局と国家権力に対する革命的闘争と一般学生・市民への革命闘争への呼びかけに対して、政府・自民党は、大学管理法（「大学の運営に関する臨時措置法」）案を用意して、授業が行えないキャンパスの異常事態に対しては文部大臣がその大学を閉鎖措置することができるようにすること等を計画した（昭和44年1月"東大安田講堂攻防戦"での機動隊による全共闘の拠点制圧以降は、警察の取り締まり、学生運動側の弱体化、8月の大学管理法の制定等によって沈静化した）。一部の高校や中学校にも学園闘争としての波及が見られたほどであった。

　戦後、学生と政府との直接対決は、"60年安保闘争"（1960年の日米安全保障条約改定に反対する民間の闘争）などがあったが、法律による沈静化、いわゆる権力的統制を加えたのは、これが初めてであった。

　さらに、小・中・高校段階における教育と政治に関する状況は、"七五三教育"（いわゆる落ちこぼれの問題。小学校で3割、中学校で5割、高校で7割の子どもが学習内容を身に付けていないという社会学的用語）が指摘されていた時代である。教育内容上は、理数系の学力向上が求められていた社会的政治的状況であった。要因は、昭和33年版（小学校、中学校）、34年版（高校）学習指導要領による教育内容のレベル・アップ（特に理数系教科）、遠因は1957（昭和32）年の"スプートニク・ショック"による国際的な"教育の現代化"運動（経験中心から学問中心のカリキュラムへの改革。つまり、旧ソ連の科学技術レベルに"追いつき・

追い越せ"の政治主導型の教育改革）の影響である。

　次に、昭和40年代の政府によるその他の教育政策の状況について見ると、道徳教育の右傾化企画、国家による生涯教育の推進を挙げることができる。

　昭和41年、「期待される人間像」が中教審（中央教育審議会、森戸辰男会長・元文部大臣）答申（中間報告）の中で「付記」という形式で示された。すると、マスコミ界をはじめ多くの国民・諸団体などから批判が相次ぎ、結局その政策具体化は、昭和46年の最終答申「後期中等教育の整備拡充について」にまで及ばず、消えてしまった。この「期待される人間像」とは、内容は日本国民の望ましい人間像を種々に述べたものであるが、問題になったのは、天皇への敬愛の念が強調された点である。それらの主要要因には、アメリカ化された生活様式やものの考え方への批判的心情、道徳心の低下を嘆く思潮、求められる心の豊かさ、日本的伝統を尊ぶ心・思潮などがあった。とはいえ、この天皇への敬愛の念を中心としたいわゆる愛国心教育の主張は、昭和47年田中角栄内閣の教育勅語復活路線、昭和58年中曽根康弘内閣の日本的伝統の教育方針に象徴的に現れたといってよい。

　国家による生涯教育の推進とは、1965（昭和40）年、ユネスコの第3回成人教育推進国際委員会におけるポール・ラングランによる生涯教育（life-long integrated education）の提唱を受けて、我が国政府が文部省・厚生省を中心に政策化・具体化したものである。直接の契機となったのは、昭和43年、文部大臣の諮問機関であった社会教育審議会への諮問「急激な社会構造の変化に対処する社会教育の在り方について」であった。答申されたのは昭和46年であるが、その前後から、児童館の創設、民間の学童保育施設の創設、少年自然の家の創設、青年の家の創設、公民館の整備拡充（コミュニティ・センター化）、各種の生涯教育講座の開設、婦人教育会館の創設、等が具体化され

た。つまり、生涯教育のための施設の設置を中心とした具体化が主なものであって、国家主導の教育改革であったといってよい。たとえば、いわば"上からの教育改革"に批判的であった持田栄一東京大学教授は、このような事情を次のように批判的に説明している。

「中教審答申が生涯教育構想を華々しくうち出しているのにもかかわらず、その後の文部行政は、人確法、主任制等々の教育管理政策におかれ、上記構想の具体化には消極的である。この意味で、生涯教育論は、日本の教育行政の現実においては、まだまだ、理念の段階にとどまっている。少しうがったいい方をすれば、本章のいままでの行論においてのべたことからもうかがえるように、政策『理念』たることに生涯教育論の本質があるということができるかも知れない」

「現在のところ、生涯教育論への関心は、体制側においてより積極的であり、運動の側のこれに対する対応は著しく立ち遅れていることが目立つ」[(2)]

しかし、その後、リカレント教育＊の提唱が教育研究者や民間のいわゆる社会教育関係者によって紹介されるようになり、生涯学習の視点が強調されるようになった。公教育（学校教育）のひずみのカバーを社会教育（参考までに、生涯教育・生涯学習は学校教育と社会教育を含む統合的な教育のことである）においても期待するという構図が国レベルとともに民間レベルにおいて図られ、具体化されていった。

以上のように、特に昭和40年代前半は、学生の要求への尊重というよりは、国家による政治主導によって教育改革が行われたということを踏まえておくことは、なぜ池田SGI会長が第四権としての教育権を提唱したのかを理解しようとするとき、避けて通れない点である。

＊リカレント教育　経済協力開発機構(OECD)が1970年代に提唱した、生涯学習の制度的形態。回帰教育、循環教育などとも訳される。社会に出てからも学校または教育・訓練機関に戻ってくることが可能な教育システムのこと。

II 教育権の分類と池田SGI会長の提唱の歴史的意義

　教育権の独立とは、制度論的な次元であって、人権思想上の教育権の保障という意味ではない。もとより、根本の目的は人権思想から導かれる教育権の保障であることには変わりない。しかし、教育権という用語には実に種々のものがあり、それゆえこれまで論議がかみ合わないものになってきたことは否めない。したがって、まず、主に思想上に関する教育権の用語について簡単に整理することにする。その後に、具体的な制度論としての教育権の独立に関する諸説を考察する。[3]

1. 思想上の教育権諸説

　用語別に整理すると、次のように分類できる。
①教育を受ける権利としての教育権
　日本国憲法第26条には「すべて国民は、法律の定めるところにより、その能力に応じて、ひとしく教育を受ける権利を有する」（第1項）と規定されている。戦後教育の最も基本的根本的な教育上の原理である。国際的にも、世界人権宣言（1948年）には「すべて人は、教育を受ける権利を有する」（第26条第1項）と規定されている。第二次世界大戦後に各国で、国際人権規約（1966年）、児童の権利に関する条約（1989年）などにおいて規定されてきた。
②親の教育権
　国際法上は、親の教育権は、教育権の中で最も本源的基本的な自然法（natural law）上の権利（自然権 natural right）として理解されているものである。世界人権宣言では「親は、子に与える教育の種類を選択する優先的権利を有する」（第26条第3項）と規定し、児童の権利宣言（1959年）、国際人権規約（1966年）、児童の権利に関する条約（1989年）などにおいても同様の規定をしている。我が国では、民法が「親権を

行う者は、子の監護及び教育をする権利を有し、義務を負う」（第820条）と親の監護・教育権を規定している。また、2006（平成18）年改正の教育基本法にも、「父母その他の保護者は、子の教育について第一義的責任を有するものであって」（第10条第1項）と規定されている。この法解釈であるが、「責任」であって「権利」ではないので「親の教育権」の規定であると解釈してよいのかどうかという課題があり、今後の重要な研究課題にすべきである。これは、本稿の研究テーマである四権分立（教育権の独立）のこと、すなわち国家（国・地方公共団体）による学校教育・社会教育・家庭教育・生涯教育に対する統制・干渉(かんしょう)の在り方に関わるからである。

　たとえば、我が子のことについて親が学校に対して意見を言うことがどこまで法的な根拠を有するのかが問題になることが増えている（いわゆるモンスター・ペアレント問題など。参考までに、民法は私法であるので、親の教育権は、学校に対しては直接の法的根拠にはならない）。

③国民の教育権

　国民が「教育をする」権利を有するのであって国家が有するのではないと主張してきた日教組（日本教職員組合）及び社会党（当時）・日本共産党系の理論である。国民の「教育を受ける」権利は憲法に規定されているので明確であるが、「教育をする」権利については法学上争われてきた。憲法（第26条）において国民の「教育を受ける」という表現はあるが、「教育をする」という表現や誰が「教育をする」のかなどの表現がないことが要因となり、論議を呼んできたのである。

④教員の教育権

　児童生徒を教育する権利は国家にあるのではなく教員にあるとする理論である。日教組、社会党（当時）・日本共産党系の理論である。国際的にも基本的に支持され法定化されてきた親の教育権を基本に、教員がその親の教育権を委託(いたく)されて教育するのであるという理論である。

⑤国家の教育権

　政府・旧文部省の教育権論で、親の教育権を委託されて教育する権利を有するのは国家である（国・地方公共団体）であるとする理論である。1965（昭和40）年代以降の家永三郎による教科書検定違憲訴訟ケースでは最高裁判決でこの学説が採用されてきた。なお、国家は、戦前のような超国家主義的な国家のことではなく、戦後の日本国憲法下の民主的国家のことである。

⑥総合的教育権論

　教育を受ける権利・教育をする権利・教育主権をすべて含み、教育権を包括的総合的に理解して、憲法にも謳われている人権規定から総合的に検討すべきだとして提唱した市川昭午（当時・国立学校財務センター教授）の理論である。

⑦権限（権能）としての教育権

　教育権を権利の範疇で考えると困難なことが種々に出てくるので、権限（権能）として教育権を理解すべきであるとする見解である。すなわち、子どもの養育監護権限は保護者にあり、教授指導権限は教員にあり、教育立法権限は国会・地方議会にあり、教育行政権限は国と地方公共団体の教育行政機関にあるとするものである。

　以上のように、教育権の用語は種々にいわれてきた。池田SGI会長が提唱した第四権としての教育権の独立とは、これらに属さず、制度上のことがらである。そこで、次に制度上の教育権独立の諸説について見ていくことにする。

2. 制度上の教育権独立の諸説

①田中耕太郎の教育権独立説

　昭和21年5月、文部大臣になった田中耕太郎は、教育基本法の構想（6月帝国議会で"教育根本法"制定に言及した）及びその後の具体的な条文づくりにおいて決定的な影響を与えた人である。特に、昭和22年3月

31日制定・公布の教育基本法の「教育は、人格の完成をめざし」（第1条・教育の目的）との規定は、田中の考えに拠ったものである（田中の思想的立場はカトリック的自然法である。なお、平成18年12月改正の教育基本法においてもこの目的規定は継承されている）。

　田中は、文部大臣になる以前の文部省学校教育局長時代から、戦前の内務省官僚による文部省支配を憂え、そのような意味での文部省（教育行政）の一般行政からの独立を希求していた（参考までに、戦後初代の文部大臣前田多門も同様であったと聞いてきた。今後の研究課題である）。田中は、次のように言う。

　「本章（＝『教育基本法の理論』の第7章のこと・筆者の注）において考察しようとしているのは、教育基本法第10条が規定している事項すなわち教育行政の政策に関する基本方針に局限される。それは結局教育の自由と教育権の独立の尊重ということに帰着するのである(4)」

　「それ（＝教育のこと・筆者の注）は本質的に自由な活動であり、この意味において他の行政的活動とちがって官僚的な統制や監督をうけるに適しない性質のものである(5)」

　このような立場から、田中は、四権分立制に言及した。

　「教育権の独立は、直接には、わが憲法中に制度化されていないが、憲法の学問の自由の保障や教育基本法、並に、その他、教育関係法令中の規定、とくに、大学自治の原則からして帰納できるのである。もし、教育政策の重要性が今より一層痛感されるならば、憲法中に、立法・司法・行政の三権とならんで、第四権として、教育に関する一章が設けられ、教育権が一層完全に保障される日が来ないとは断言できないのである(6)」

　「一般政治に対する教育の独立と中立性を確保することが教育行政の正しいあり方と認められ、地方公共団体において教育委員会制度の新設によりこれが実現された以上は、中央においても同様のことが認められなければならない次第である。つまり前にのべたような中央教

育審議会のような権威ある存在が、文部大臣の単なる諮問機関ではなく、文部大臣に代る執行機関として全国の教育行政について責を負うという構想も考え得られるのである。この構想は文部行政をあたかも現在の裁判所行政と同じように、全く政府から独立したものとする考え方である」[7]

このように第四権としての教育権についての言及は、前者の引用に見られるのが昭和32年であるが、積極的な主張、つまり提唱には至っていなかった。後者の引用に見られるのが昭和36年で、明確に第四権としての教育権に言及したといえる。このことは画期的であったというべきである。

しかし、内容上のあいまいさが残っている。すなわち、文部行政を「全く政府から独立したものとする考え方」は理解できるのであるが、教育委員会制度の新設（昭和23年教育委員会法）に対して、「一般政治に対する教育の独立と中立性を確保することが教育行政の正しいあり方」として「実現された」と理解されていた点が問題に思われるのである。

教育委員会制度は、アメリカのBoard of Education の移入であって、そこには日本的変質があった。たとえば、School Tax（教育税）は導入されず、教育予算は一般財源からの予算申請・議会による裁可という非独立的制度になったことなどである。また、すでに昭和31年に旧法の教育委員会法が改正されて、現行の地方教育行政の組織及び運営に関する法律が制定され、いわゆる公選制から任命制の教育委員会制度が実現していた当時、首長（地方公共団体の長）による教育委員の任命や首長による教育予算原案作成など政治主導の実態が種々に指摘されていたことに対して何ら課題視されていないことは、「一般政治に対する教育の独立と中立性を確保することが教育行政の正しいあり方」とするには、説得力に欠けると言わざるを得ない。

②宗像誠也の中央教育行政独立説

　戦後の教育行政学の基礎を形づくったとも言われる宗像誠也東大教授の教育行政の独立説に対して、これまで大きな学術的関心が寄せられてきた。

　宗像は、次のように、教育委員会制度の導入による教育の独立性に一定の評価を寄せつつも、中央教育行政の独立性を重視した立場を取った。

　「日本の教育委員会は、法的性格においては、アメリカのそれほどの独立性をもつていない。しかしもし本当にその『育成強化』を考えるとするなら、教育による社会改造、或いは社会の更新（renovation）という思想に忠実に、その可能性をできるだけ生かすという方向で考えてみるべきであろう。もつとも日本の事情ではそれにも限度があることは推測されるのであつて、日本ではむしろ中央教育行政の独立性を考える方が先だともいえよう。教育行政はイデオロギー性をもつことは必然である。それだけに、これを政党内閣の文部大臣に委ねることは危険である。その恣意を警戒するならば、正しく学問や教育を代表する委員によつて構成された、強力な教育政策審議機関を設け、教育政策は必ずその議を経てから実施に移すというような用意をすることである」[8]

　教育行政のイデオロギー性を必然とみて、政党内閣の文部大臣の恣意を防ぐための学問・教育の代表者による教育政策審議機関の制度を提唱している。とはいえ、これは完全なる独立性というよりは、教育行政の民主化というべきものである。別のところで、「必ずしも、文部省機構ないし文部大臣制度の全面的・根本的改革の主張まで到達しないでも、もっと手近なところで、局部的な運営や機構の改革で、ある程度は実現できるともいえよう」としているように、現体制下における教育行政の民主化を構想したものであると言える[9]。

③上原専禄の教育権の独立機構説

　一橋大学教授・日教組国民教育研究所初代所長などを歴任した歴史学者の上原専禄は、宗像誠也との対談の中で、次のように教育権の独立機構を主張した。

　「文部大臣が内閣の一員で、行政官庁の一つとして文部省があるという形では、大学の自治とか、教育の自律性とかいっても、内閣全体としてのそのときの政治課題が、教育や学問の方へ波及する。私の考えでは、司法権と同じような教育権の独立機構を考えたい。国会と政府と裁判所と、それに並ぶものとして、学問及び教育の権が自立できるような機構を考えるのが本節だと思う」[10]

　上原は、その後、この点についての直接的な提唱はしてこなかったようである。しかし、反体制側の教育運動に関わっていたことからも分かるように、政治的な圧力や干渉から教育が独立すべきであるという考え方は一定していた。そして何よりも、第四権としての教育権の独立を主張していたことは注目すべきである。

④亀井勝一郎の教育院構想

　評論家・亀井勝一郎は、教育の独立を実現するためにかねてから文部省廃止論を唱えていた。理想論かもしれないが、というニュアンスではあるが、次のように提唱している。

　「私はかねてから文部省を廃止したらよかろうと述べてきた。こんなことを言ふと空想的だと笑はれるが、教育を尊重するあまりの愚見と思ってきいて頂きたい。その理由のひとつは教育の中立性をいかに確保するかといふ点から出てくるのだが、私は文部省を廃止して教育院をつくり、あたかも最高裁判所のやうに一切の党派から独立した機関にしてほしいと思っている」[11]

　「むろん今日政治的中立を守ることはむずかしい。不可能なことかもしれない。あまりに完全なことは考えてはならない。私のいうのも比較的の意味だが、教育の専門家、父兄、いわゆる学識経験者等、ひ

ろい範囲から集めて教育院をつくり、(中略)ここに集まる人はすべて政党から離脱する条件を附したらどうであろうかと考える。民選の教育委員制も復活して、その代表も参加する。日教組も参加する。そして教育に即した専門の討議を出来るだけ民主的基礎の上においてこころみてほしいと思う(12)」

　昭和31年当時、いわゆる文部省対日教組の対立の教育状況が続いていただけに、党派からの独立を希求する亀井勝一郎の思いには切実なものがあったに違いない。ただし、「日教組も参加する」というのは、問題である。というのは、日教組の組合員は、公立の義務教育学校の教員つまり教育公務員であって政治的中立性が求められているが、当時、活動的な組合員は社会党(当時)や日本共産党に密接にかかわり、そのような党利党略のために闘うと言われた教員であったからである。

⑤槌田龍太郎の四権分立説

　大阪大学教授(当時。化学専攻)の槌田龍太郎は、昭和30年代初め、教育公務員に勤評(勤務評定)の導入が図られつつあった当時、それを教育行政の右傾化と捉え、教育権の独立を提唱した。その特徴の一つに、教育財政の独立もあった。

　「国民のうち少数の犯罪者を裁き、一部国民の訴訟を処理するために、司法権が、立法権や行政権から分離されているのに、国民全体の幸福に直結する教育が、政党の利益のために左右されるのはまことに不合理ではないか。

　政党と政府による教育支配を排除するためには教育権を立法・行政・司法と並んで独立させる必要がある(13)」

　「まず教育財政が政府から独立していなければならない。これがためには教育予算を何パーセントと定めて他の行政予算から分離し、その経理には、民主的に選出された教育委員会がこれに当ることとすべきである(14)」

教育財政面からの考察が特徴であり、おそらく大学人としても、現実の予算に関わる種々の問題意識が深くあったに違いない。いずれにせよ、第四権としての教育権を明確に提唱したものとして特筆すべきである。

⑥その他の教育の独立説

教育の自立性、自律性、中立性、いわゆる政党の利害や政治からの干渉を排除することを求める制度上の提唱は、知り得ている限り、以上のほかにも多く見られた。ここでは、その一端を列挙する。

・日教組の中央教育委員会制度の提唱……文部大臣制をやめて、地方教育委員会のように国においても教育委員会制度を作るべきだとするものであった（日教組「民主教育確立の方針」草案・昭和32年）。
・安藤良雄（東京大学経済学部教授）の文部省廃止論（安藤良雄「最近の文教政策に思う」、東京大学新聞・昭和32年11月13日号）

これらのほかにもこれまで散見されたものや見聞によるものまで含めればまだあるが、明確な証拠をもって示さなければならない故に、今回は割愛させていただきたい。自他共に、研究を他日に期したいと思う。

3．池田SGI会長が提唱した第四権としての教育権の意義

以上、制度上の教育権独立説を概観したが、すでに昭和30年前後に教育権の独立を求める画期的な提唱があったことが分かる。文部大臣にして然りであった。教育に関わる複雑な国家機構のむずかしさと教育の大切さを思う切実な教育関係者の思いを感じるものである。同時に、政治の直接の影響下にある文部省等国による教育行政の厳しい統制的管理とそれに対抗した日教組や野党、民間教育運動団体の対立の図式を意識せざるを得ないものである。

そこで、池田SGI会長が提唱した第四権としての教育権の提唱の意義について、次の5点を示したい。

第一に、前述の教育権独立の諸提唱は、その表現上においては池田SGI会長の提唱と同じであるが、歴史的状況の差異がある点に注意しなければならない。すなわち、昭和30年前後は主に小・中・高の学校教育のあり方に関する文部省対日教組の対立に象徴されるような教育状況の中での諸提唱であったが、昭和44年の池田創価学会会長（当時）のそれは、大学における教育状況の問題が直接の背景であったことである。たとえば、政府・与党は大学紛争の終結と大学の民主化のために、伝家の宝刀ともいうような"大学管理法"（大学の運営に関する臨時措置法）を制定しようとしたが、これは、国家権力による教育支配そのものと種々の団体や人々から強く批判されていた（同年8月制定された）。我が国の教育全体に関わる大問題だったのである。

　その後の教育・学術界において、池田SGI会長の提唱を受けとめて議論するということは、少なくとも我が国においては知らない（このこと自体も今後の研究課題であるが）。ただ、第四権としての教育権の独立の必要性を某国立大学教授が某新聞で（昭和50年代？）発表していたことがあるが、失念している。現在未確認であり、研究課題にしたい（その紙面で池田SGI会長の提唱等には触れていなかったことが印象に残っている）。

　第二に、そこから言えることは、問題の視点の違いを指摘することができるということである。すなわち、池田SGI会長の視点は、小・中・高・大学などすべての学校教育、社会教育、家庭教育にまで及ぶ教育への考察から導かれている。池田SGI会長は、大学紛争と大学生の当時の様子を次のように記している。

　「現代の大学革命は、大学と政治権力、または教会権力との対決などというものではない。大学を含めた社会の管理機構と、それに対する青年の不満との激突であり、ひいては既存の社会、文化、価値観に対して、それを受け継ぐべき世代が継承を厳しく拒否し、破壊しようとしているのである。ここに世代の断絶、転換を迫られる文明の実態が鮮明に浮かび上がってくる」（「大学革命について」1969年）

大学紛争の状況に対して、池田SGI会長は「大学革命」であると捉えている。なお、当時一部の学生運動団体(「セクト」とも言われた)なども「革命」を標榜し主張したりしていたが、その背景とする理念・思想は別の内容であった(ここでは詳しくは論じない)。池田SGI会長は、「転換を迫られる文明の実態」とまで指摘している。

　第三に、教育の独立・自立という教育的観点が基本にあるのは1955(昭和30)年前後の諸説と池田SGI会長の独立説に共通しているが、池田SGI会長の場合には、政治権力と教育の対立というレベルだけでなく、もっと深く、歴史文明論的・人間論的ともいうべき視点からの提唱であったことが特筆されなければならない。

　直截的には、池田SGI会長の次の言葉に表現されている。やや長い引用になるが、ご了承いただきたい。

　「かつて日本で、大学紛争が吹き荒れ、大学運営に関する臨時措置法案が国会で強行採決されたりしていた時に、私も『大学革命について』(1969年)と題する一文を発表し、その中で、大学の再建には、教育の本来的意義からいっても、人間存在そのものについて、深く洞察した理念がなくてはならないと訴え、最後に、次代の人間と文化を創る聖業である教育は、時の政治権力にとって左右されることのない確固たる自立性を持つべきであると主張し、『教育権の独立』について強く提案したこともあります。

　『学問の自由』そして『教育の独立』の重要性については、私もこれまで世界各国の教育関係者と意見交換してきました。自由な精神と自立こそ、『教育』の生命線であり、最大に尊重されなければなりません。それは、教育の政策を実施するにあたっても厳格に守らなければならないものです」(池田大作、バラティ・ムカジー「新たな地球文明の詩を」、所収:『灯台』2013年1月号、第三文明社、平成25年1月1日、p.61)

　ここに端的に表明されているように、池田SGI会長の考える「教育権の独立」とは、「教育の本来的意義」からの考察であり、「人間存在

そのものについて、深く洞察した理念がなくてはならない」こと、また「自由な精神と自立こそ、『教育』の生命線」であるとの信念・思想・哲学が込められていることが分かる。この特徴は、日本国憲法の三大理念である主権在民（民主主義）・基本的人権尊重・恒久平和主義の原理や世界人権宣言など国際法上にも宣明されている理念・原理に共通する普遍的な内容である。さらに注目すべきは、教育権の独立とは、教育の独立（自立）、教育の尊厳の尊重、教育の自主性の尊重を根本原理とするということを主張していることが分かる。

　第四に、第四権としての教育権の独立は、いわゆる制度上の提唱であるが、思想・哲学上のことも当然に関わってくる。前述の通りである。しかし、さらに、根本的とも言える課題になると思えるのが、現実の状態であると言いたい。

　池田SGI会長は、このことについて、次のように語っている。

　「社会の制度や仕組みは大切である。しかし、より重要なのは、それらを運用していく人間の心である。いかに制度が整っていても、人間のいかんによって、制度は悪用、形骸化されてしまう危険をはらんでいるからだ」（法悟空〈＝池田大作のペンネーム〉「新・人間革命（勇将・五）」、『聖教新聞』2013年2月18日付）

　この指摘には、甚深の意味が込められていると思われる。仮に理想的な（あるいは、より良き）制度が制定されたとしても、その運用によっては、形骸化するおそれがあるという現実に対する警鐘、いや、それ以上の根本的原理というべき指摘であると思われる。たとえば、これまでも、法律によっては"ザル法"であるとか、法律の解釈が恣意的であるとか、教員や公務員の贈収賄・裁量権の逸脱・権力主義的対応・服務規定違反（セクハラ、守秘義務違反、政治的中立性違反、宗教的中立性違反など）とか、等々が存在してきたが、これらは制度の悪用や形骸化の実例である。これらは教育権の独立に関係ないと言えるであろうか、ということである。

池田SGI会長は、憲法改正等によって我が国に四権分立の制度が実現したとしても、その下における運用がその目的に即しているかどうかの判断基準を人間の在り方の問題として捉えているということを我々は銘記すべきである。他言すれば、四権分立ということとは、永久・永続的な課題であるということになる。
　第五に、池田SGI会長は、第四権としての教育権提唱後に、あらゆる機会を捉えて教育権の独立を訴えるとともに、さらなるそのための具体的提唱をしてきた点である。この点については、次に改めて述べたい。

III 「教育国連」創設及び「教育センター」創設の提唱と意義

1.「教育国連」創設の提唱と意義

　昭和48年10月9日、池田創価学会会長（当時）は、創価大学における第5回NSA（Nichiren Shoshu of America）学生部総会にメッセージを寄せ、次のように「教育国連」の創設を提唱した。これは、世界初の画期的独創的な平和提言であるが、先の教育権の独立の理論的発展の上にあるものである。やや長くなるが、史料的意味も込めて、次に引用する。
　「更に私は、この学問の再構築ということと共に、学問の成果を普及させる過程であると同時に、学問を支える基盤である教育について、一つの提案をしておきたい。それは、教育に関する国際的な連合組織をつくって、世界平和への精神的砦を人々の心に築く電源地たらしめてほしいということであります。
　私はかつて、立法、司法、行政の三権に、教育権を加え、その四権を独立させるべきであると主張いたしました。教育は一個の人間をつ

くりあげる重要な作業であり生命の絶対尊厳を教えていくのも教育の使命であります。それには政治権力によって左右されるものであってはならない。教育や科学・文化における国際協力を推進する機関としては、ユネスコがあり、平和構築をその理想として掲げてはいるが、既存の国家権力によってつくられたものであるため国連と同様、政治的な影響をうけざるをえない状況にあります。

　したがって私は、教育権の独立を、全世界的次元で具体化し、いかなる権力にも左右されない、平和教育機関つくることが先決であると考えるのであります。それには、教育の現場にたずさわる教師、また家庭教育の責任者である父兄、更には、教育を受ける立場にあり、また先輩の立場にもある諸君達学生、それに学識経験者も加えて、仮称『教育国連』をつくり、それをもって真実の世界平和を実現し、国際間のあらゆる平和協力の実を上げるようにしていってはどうか、そしてそれには、日本の学生部の諸君が含まれるのは当然でありますが、なかんずく、米国の学生諸君が先駆けとなって前駆してはどうかと、訴えたいのであります」(「池田会長からのメッセージ」、『大学新報』昭和48年10月16日付に所収)。

　これは、平和の推進には教育が根本であり、その教育は政治的権力によって左右されてはいけないとの立場から、平和教育機関としての「教育国連」を国際次元につくることを提唱したものである。そのとき、教育の独立・自立を保障するものとして、昭和44年に提唱の第四権としての教育権の独立が確認されている点が重要である。

　ここで、教育権の独立諸説との相違点については先述の通りであるが、特に2つの点をとりわけ指摘したい(第一の点は先述のものに重なるが、改めて指摘する)。

　第一は、教育の独立・自立の問題を平和教育、それも生命の絶対尊厳を教えるためにというように、何のための独立・自立なのかを池田SGI会長は構造的に捉えている点である。教育国連構想とは、理論的

にはこのような意義づけをすることができる。先述の教育権諸説に共通していたのは、確かに教育の独立・自立のための提唱であるが、教育の営みそれ自体のためのものであったと言える。生命尊厳の問題や平和の問題や国際的広がりまでは特には指摘されていなかった（なお、この点については、より正確な研究が今後の課題であることをご了承願いたい）。

第二に、第一の点と関係するが、池田SGI会長は昭和44年の提唱後も、絶えず教育権の独立を、多くの対談、スピーチ、投稿、随筆等において繰り返し強調してきた点である。昭和47年のアーノルド・トインビーとの対談の席で、また昭和49年のモスクワでのコスイギン首相との対談の席で、等々枚挙に暇ない。(15)

2.「教育センター」設置の提唱と意義

さらに、池田SGI会長は、平成12年、創価学会創立70周年記念「教育提言」において、次のように「教育センター」の創設を提唱した。

「そこで私は、教育に関する恒常的審議の場として、新たに『教育センター（仮称）』を創設し、教育のグランドデザインを再構築する役割を担っていくべきだと提案したい。

設置にあたっては、一つの独立機関として発足させ、政治的な影響を受けない制度的保障を講ずるべきであると考えます。内閣の交代によって教育方針の継続性が失われたり、政治主導で恣意的な改革が行われることを防ぐ意味からも、独立性の確保は欠かせないのです。

かねてより私は、立法・司法・行政の三権に、教育を加えた『四権分立』の必要性を訴えてきました。

教育は次代の人間を創る遠大な事業であり、時の政治権力によって左右されない自立性が欠かせません。

それはまた、戦争への道を後押しした『国家主義の教育』と身を賭して戦ってきた、牧口会長および戸田第二代会長の精神でもありました。

そこで『教育センター』が核となり、国立教育研究所などとも連携

を図りながら、確固たる理念と長期的な展望に立った教育改革の方向性を打ち出していくべきだと思うのです。

　この重大な使命に加えて、『教育センター』を設立することで、日本は『国際貢献の新しい道』を開くことができましょう。

　世界平和の実現の基盤となるのは、国家の利害を超えた教育次元での交流と協力です。私は、この観点から、教育権の独立を世界的規模で実現するための『教育国連』構想を、20年以上前から訴えてきました。日本が『教育センター』の設立を通し、『教育権の独立』という潮流を世界で高めていく役割を担っていけば、『教育立国』という日本の新たなアイデンティティーを確立することにもつながっていくのではないでしょうか」[16]

　この文章には、筆者（大﨑）がこれまで説明し、考察してきた池田SGI会長の「教育権の独立」についての論理構造が簡潔に表されている。すなわち、「教育センター」は教育権の独立のための一つの具体的な教育審議機関として示されている。それは国際的機関である「教育国連」と連動する構想である。内閣総理大臣の私的諮問機関・教育再生実行会議（平成25年第二次安倍内閣）や文部科学大臣の諮問機関である中央教育審議会などの機関とは、その目的と内容の点でもまったく異なっている。

　もとより、具体的な内容は未定である。具体化がこれからの課題である。

IV　今後の研究課題

　池田SGI会長の「教育権の独立」論は、生命の絶対尊厳、平和教育、教育の独立、第四権としての教育権の具体化、「教育国連」構想、「教育センター」の創設、などと連動して理解されなければならない

と考える。とはいえ、今後を考えた場合、そういうそれぞれのテーマや分野における池田SGI会長の理論がどのように展開されてきたのか、研究が必要であると訴えたい。

併せて、現在に生きる私たちは、以上のようなテーマや分野が、これまでの歴史において、あるいは理論においてどのようであったか、日本内外を問わず研究していくことも必要である。

そこで、最後に、今後の研究課題としての私見を若干述べたい。参考にしていただければ幸甚である。

（１）諸外国における学説

アメリカにおいても四権分立の学説があったということを耳にしたことがあるが、恥ずかしながら未だ不明のままである。また、孫文（中国・中山大学の創立者）は六権分立（立法・司法・行政・財政・教育等）を主張したということを聞いたことがあるが、これまた恥ずかしながら未確認のまま今日に到っている。実は、2006年3月25日、筆者は中山大学での学術シンポジウムに参加した時に、このことを某教授（孫文研究者）に質問し、そのようなことは知らないとの回答をいただいたことがあったが、なおも研究課題にすべきだと思っている。もっと言えば、ルソーにも教育（権）の独立についての提唱があったということを見聞したことがあったが、未確認のままである。世界にはまだこのような提言があるかもしれないことを学術上は課題にすべきであろう。

（２）米軍統治下の沖縄における教育権の独立

戦後の沖縄では、昭和47年の日本復帰までの間、教育税（school tax）の徴収を中心として四権分立ともいうべき制度が制定され実施されてきたという見解がある。だが、米軍の直接統治下という権力支配構造におけることがらであるだけに、その意義をどのように考えるべ

きか、課題である。（本書の横山光子氏の論文参照）

（３）ロック、ホッブス、モンテスキュー、などの西洋近世〜近代の三権分立思想についての研究（三権分立と四権分立の研究）

　四権分立の必要性を考えるということは、その基礎になってきた三権分立の元々の思想を押さえることが重要である。なぜならば、三権分立の限界の把握とともに、教育と生命の尊厳のための思想・哲学への考察を進めるために、教育と生命尊厳についてどのように考えられていたかを振り返ることが大事であるからである。

（４）現在の我が国における立法・司法・行政の三権分立の状況の研究

　第一に、国レベルにおいてはどうかということ。たとえば、議院内閣制における問題状況についてであるが、国会において多数派の政党から内閣総理大臣が選出され、その下で各国務大臣が任命されるという制度であるため、結果的には立法が行政を、部分的であるかも知れないが、統制することになるという現実がある。また、国会で立法を行うに際して、法務省等の官僚の専門力量によって法律案の在り方が当初のねらいから一部外れてしまったというようなことを見聞することがある。一般論で恐縮であるが、三権分立の問題状況を押さえることは、四権分立をしっかりとしたものにするための前提になる作業である。

　第二に、地方レベルにおいてはどうかということ。たとえば、首長（地方公共団体の長）による権限強化（政治主導による教育行政）、教育長の権限、教育委員の権限、教育財源、学力向上路線、教科書の採択、国民の教育を受ける権利の保障の実態、外国人の教育を受ける権利の保障、教育の中立性（政治的・宗教的）、教育予算、教員研修の制度、教員の採用数、等々の事例は、教育の独立（自立）、教育の尊厳の尊重へ

の重大な問題と課題である。どのようにあるべきか。現在の三権分立の制度下のことであるが、同時に、四権分立をしっかりとしたものにするための前提になる作業である。

注

（１）「大学の運営に関する臨時措置法」（昭和44年8月7日公布。5年以内に廃止の時限立法であったが、実際の廃止は平成13年）は、全国に頻発する大学紛争の解決のために、「大学紛争が生じている大学によるその自主的な収拾のための努力をたすけることを主眼としてその運営に関し緊急に講ずべき措置を定め」（第1条）との目的規定ではあるが、最終的には文部大臣による行政措置（廃校、改組等）を取ることができるようにした法律であった。しかも、法律の適用対象は国立大学だけでなく、公立大学・私立大学にも及ぶとされた。大学紛争が始まった昭和40年代初めからすでに法律案が準備されつつあったもので、学生・組合・野党・民間教育運動団体などから強い反対が表明されていた。
（２）持田栄一著『「生涯教育論」批判』明治図書出版・昭和51年・p.126
（３）大﨑素史著『教育行政学』（初版）創価大学出版会・平成12年、大﨑素史著『教育行政学』（改訂版）創価大学出版会・平成21年、大﨑素史著『教育行財政学』創価大学通信教育部・平成25年、いずれも「教育権の種類」の項目を参照。
（４）田中耕太郎著『教育基本法の理論』有斐閣・昭和36年・p.846
（５）同書・p.846
（６）田中耕太郎「司法権と教育の独立」（『ジュリスト』有斐閣・昭和32・12号に所収）
（７）同前書・p.872
（８）宗像誠也著『教育行政学序説』有斐閣・昭和29年・p.66～67
（９）宗像誠也著『私の教育宣言』岩波新書306・昭和33年
（10）上原専禄・宗像誠也著『日本人の創造―教育対話篇―』東洋館・昭和27年
（11）亀井勝一郎「現代教育に私は何を希望するか―ＰＴＡのひとりとして―」（『婦人公論』中央公論社・昭和31年11月号に所収）
（12）亀井勝一郎、同前。
（13）槇田龍太郎「四権分立」（『化学』化学同人・昭和34年10月号に所収）
（14）槇田龍太郎、同前。
（15）教育の独立・生命の絶対尊厳・平和教育・国際的広がりについての池田SGI会長の論文の一例として、次のものを紹介したい。
　①池田大作「21世紀への平和路線」（創価大学平和問題研究所編『創大平和研究』創刊号・昭和54年に所収）
　②D.Ikeda and K.Takamatsu, A Proposal for the Establishment of the International Organization for Education Cooperation, Soka University, 1975
なお、この英文は1975年秋、アメリカ・ボストン市における大学総長国際会議（IAUP）に提出されたものである。また、これを踏まえて、当時の高松和男創価大学学長が後に「人類社会の平和と教育の役割―教育国際連合機構設置への提唱―」と題する論文を著している（前掲書『創大平和研究』に所収）。教育国連の具体的な制度内容の提唱として参考になる。

(16) 池田大作「『教育のための社会』目指して―21世紀と教育・私の所感―」(平成12年9月29日付『聖教新聞』)

[注記]
本稿は、拙稿「池田先生の教育権独立の提唱―第四権としての教育権を中心に―」(創価大学通信教育部学会編『創立者池田大作先生の思想と哲学』第3巻、第三文明社、2007年に所収)を基本にしつつ、その大幅な修正・追加を行ったものである。

論文002

教育の独立性と
ナショナリズム、ポピュリズム
―「教育のための社会」と「四権分立」をめぐって―

小山内 優
OSANAI, Masaru

ここでは、四権分立、教育権の独立、教育のための社会、四権分立に関する制度の可能性、教育国連等について、国際的な視点も加えて幅広く論ずる。

はじめに——政治と教育の緊張関係

　政治と教育の間の緊張関係は、中世の欧州に大学が成立した時点では、すでに「王権と大学」、「教会と大学」、「都市国家と大学」といった形で発生していた。中世の大学は、学問をコントロールしたい教会や、王権、都市国家のパワーバランスの間で誕生し、学問の自由と大学の自治を求め、発展したり衰えたりしていった。

　歴史上も、そして今後もおそらく、政治と教育との間の緊張、為政者と教育関係者との間の緊張関係がなくなることはないであろう。その理由の一つは世代間で利害が異なることによる。政治の主役は現在の国や地域に責任を持ち、教育への財政負担についても決定権を持つ為政者や主権者であるが、他方、教育を受ける主役は次の世代を担う青少年であり、前の世代の人々とは利害や価値観が異なり、時に対立するからである。近代社会においては、このような世代間の対立を主な原因とする政治と教育の緊張関係が、より頻繁に人々の意識にのぼることになる。

　また、現在の国や地域に責任や決定権を持つ人々が教育に求めるニーズは、国や地域の最新の要請に応じた職業人材を早期に育成することであろう。しかし、このようなニーズが、次の世代を担う青少年自身の希望や、現場の教育者が一人ひとりの青少年について可能性を見出した方向と果たして一致するかどうかといった前述の視点だけでなく、国や地域のグローバルな戦略や長期的なビジョンとも合致するか、あるいは乖離しているかといった問題も伴う。

　近代国家が、教育や人材養成の計画を立てる上で、経済力など国力の維持発展や国威の発揚を考えることは当然とも言えるが、これは池田SGI会長の指摘する「社会のための教育」[1]の側面であり、上述のように、子供一人ひとりの将来を見据え、世界的、長期的なビジョンに立脚した教育、同会長の提唱する「教育のための社会」[1]とは方向性の

異なるものである。

　「社会のための教育」の弊害は、例えば民主主義が機能していない国や、ナショナリズムを基調とする国論に傾斜している国では、「国家のための教育」「社会のための教育」が強調されるあまり、子供の幸福といった視点や、世界的、長期的なビジョンが軽視されやすいことであろう。

　さらに、「社会のための教育」が現実に政府の計画した通りに機能し、人材の養成確保が行われるか否かという問題や、政府の企図した通りに人材が輩出されたとしても、現実にそれらの人材が社会で活躍し、また、自らの職業生活に満足できるか否かという問題がある。日本も、長期的な見通しの上に立った国政を苦手としている上、経済や技術に関する中長期的な予測が的中することも決して多くないため、国が人材養成制度を設計しても、(近年の法曹の養成システムに見られるように)スムーズに所期の目的を達成することができないことが多い。

　これに対し、教育行政の権限について、何らかの形で政治や一般行政からの独立を図ることにより、より子供の幸福を考え、長期的で広い視野の行政を行い、次代の人々のためになる方途がありうるか否か、そのような、「教育権の独立」を通じて「教育のための社会」を目指す制度を、民主的な政治体制と市場経済の下で実現することが可能であるか否か、また、具体的にどのような制度にその可能性があるかを探っていくことが本稿の課題である。

　なお、「教育権の独立」に関連して、池田SGI会長は1969年以来「四権分立」という言葉を用いて教育権の独立を提唱している[2]が、1973年以降「教育国連」構想も提唱しており[3]、この二つの提言の関連について、次節で触れることとしたい。

I　国際的レベルの教育の独立性

　池田SGI会長（当時創価学会会長）が1969年に「教育権の独立」に言及し、「四権分立」を提唱した背景の一つには、当時、日本だけでなく西側の先進各国で起きていた大学紛争や、その引き金となった学生の、当時の教育制度や、それらを含む政治体制に対する不満があったと考えられる。

　また、池田SGI会長が1970年代前半から「教育国連」構想を提唱した背景として、世界各地で政治の力によって教育にナショナリズムが持ち込まれた結果、教育が、世界平和を求めたり、紛争や暴政から人々の尊厳を守ったりする力に必ずしもなりきっていない状況があったからではないかと推測される。

　教育にナショナリズムが持ち込まれることにより、例えば、A国の教科書には隣のB国について批判的なことが書かれ、隣のB国でもA国について悪く教えるといった事態が生じる。他国への憎しみや軽蔑を植え付けるような教育をしないようにするのが世界の安定と平和をもたらす近道のはずであるが、現実に、そのような教育が行われないようにするための国際条約というのは聞いたことがない。

　教育行政に関しては、ユネスコ（国際連合教育科学文化機関）という国際機関があるが、ユネスコはあくまで国際機関、すなわち政府関係者が主たる参加者であり、こと教育内容については、各国政府が主体となって調整しようという機運が生まれてこない限り、各国内の教育に偏狭なナショナリズムに基づいた内容があったとしても、それに注文を付けるような機会を期待できるような仕組みにはなっていない。つまり、政府関係者の集まりであるユネスコに、ナショナリズムと対峙することを期待するのは難しい。

　世界の教育関係者が集まる国際団体として「教育国連」を作る構想

が実現すれば、政府やナショナリズムをある程度客観的に見られるところに視点を持つことのできる教育関係者が世界から集まり、平和構築に役立つような教育を議論することにより、各国で国家や政治の方針に翻弄させられることの少ない教育方針を策定し、世界平和へ至るステップを歩むことが期待できる。

　これが「教育国連」構想の背景であるとすれば、「教育権の独立」「四権分立」といっても、日本国内だけで制度を構築していくことが最終的な目的ではないと考えられる。「四権分立」の構想は、「教育のための社会」への動きが各国で実践され、世界平和への力となっていく、いわば運動論的な性格を持ち合わせていると理解されるのである。

II　国レベルの教育行政の独立性

1. 教育と政治の緊張関係

　日本では、国の教育行政の責任と権限は文部科学大臣にあり、地方の教育委員会のように一般の行政システムと異なった独立的な機関があるわけではない。

　文部科学省では中央教育審議会（中教審）が教育の振興等に関する重要事項を審議することとされている。審議会のおおよその運営については、会議の庶務の一環として同省職員が担当しているうえ、各省庁においても、重要な行政判断に当たっては有識者からなる審議会の意見を聴くことが多く、中教審が機能していることのみをもって「教育権の独立」とは言い難い。しかし、仮に中教審が存在せず、教育に関するマスコミや政界の世論を政策担当者が直接取り込むような制度を想定した場合に比べれば、中教審の審議というフィルターを通すことにより、政策の激変を抑えることができ、政治と教育の緊張関係を

緩和する機能を果たしてきたことは否定できないであろう。

　他方、2012(平成24)年後半の野田内閣(民主党政権)末期に、当時の文部科学大臣が大学設置に関し、一度は同省の大学設置・学校法人審議会の答申と異なる判断を下したことが報道されて話題となった通り、内閣や大臣が審議会の意見に拘束される必要はない。このような事例を見れば、国レベルでは①トップの判断により教育行政が「迷走」してもこれを牽制(けんせい)することが難しく、トップの交代による方針の変化によっては教育現場が混乱するおそれがある。②世代間の利害でいえば、将来を担う世代よりも現在の有権者に対して責任を負っているので、子供の幸福や長期的・国際的視野を考えるだけでなく、次の選挙で勝つような行政をしなければならないという制約がある。③特にナショナリズムからの批判や圧力を受けやすい。といった問題を構造的に背負っている。

2.「教育権の独立」と「四権分立」の構成

　次に、国レベルの「教育権の独立」を語る以上、法的な構成に触れる必要があるが、どのような形で教育行政の独立性を確保するかという観点からこれを見る限り、大変多くの選択肢がある。

　例えば、中世欧州の教会権力は、明らかに国家権力を超えており、教会が裁判権を含め「三権」に相当する権力を持っていた。

　他方、現在でも、国によってはその名残として「教会税」といった制度が残ってはいるものの、法的に国の権力を超えるものではない。「四権分立」の議論も、国の権力を超えたところを目指すものではないと考えられる。

　次に、「四権分立」という言葉からは、マスメディアについて使われる「第四の権力」という表現が想起されるが、メディアも、ある意味国家を超える権力と言えなくはない。しかし、「第四の権力」は、英語では「fourth estate」すなわち第四の身分や地位といった意味

で、もともとマスコミ関係者が強い力や地位を持っていることを表現したものである。これは、社会的権威に関する表現であって、法的地位を示すものではない。

また、そもそも「四権分立」が文字通り、国の三権に対する例外的機能を目指すものであるとすれば、司法手続や立法手続に対する例外的機能を含めて考えることになるが、池田SGI会長をはじめ、これまでに「教育権の独立」を提唱した人々の構想においては、教育に関して立法手続や司法手続を既存の立法権や司法権から独立させることまでは意識しておらず、内閣の指揮監督からある程度独立した国の行政機関を意図しているものと考えられる。

3.「教育権の独立」と日本国憲法

内閣のもとにありながら、内閣の指揮監督から独立性を持った国の行政機関として真っ先に挙げられるのは、会計検査院のように憲法で規定された機関で、その次には、行政委員会制度が挙げられる。公正取引委員会や人事院などが行政委員会であり、これらについては憲法上の規定はないが、内閣の指揮権がある程度制限される。

さらに三種類目として挙げられるのは、検察庁のような組織である。検察庁は法務省内の組織であり、行政委員会ではないが、政治家である大臣が検察庁の行う捜査等の業務について直接指揮権を発動させることは、基本的に行わないこととされている。

このように、内閣の指揮監督から独立した国の行政機関についても、制度的には上記のようなバリエーションがあり、「教育権の独立」といっても、必ずしも憲法の規定に関わる議論にはならないと言える。

4. 内閣における「教育大臣」の責務

「教育権の独立」といっても、制度的にはいろいろなパターンがあ

ることを述べたが、それぞれに具体的な問題もある。

　まず、日本では、各省（ministry）は大臣（minister）の役所であり、内閣を構成する大臣がいなければならないので、今後とも教育行政を文科省又はいずれかの省が担当するとすれば、少なくとも形式上はいずれかの大臣の傘下に置かれることになる。

　海外を見ると、連邦国家では、概ね地方政府が教育行政の主役であって、連邦政府に教育行政を担当する官庁が置かれている国もあるものの、例えばカナダ政府に教育省はなく、連邦政府の関与は非常に弱い。ただし、連邦国家では、州政府がかなり強い関与をしていることが多く、地方レベルで政治とのより強い緊張関係を抱えることになる。

　他方、中央集権的なフランスを見ると、大臣の数全体は多くはないが、日本の文科省に相当する分野だけでも、文化大臣、国民教育大臣、高等教育研究大臣、スポーツ青少年大臣などが別々であることが多い。内閣が代わるごとに仕組みが変わるので一概には言えないものの、通常、文化大臣と国民教育大臣は異なる。文化大臣は初代がアンドレ・マルローで、これまで文化大臣のほうが国民教育大臣よりも格上である場合も多かった。

　文化大臣が格上であることが多いことについては、国民教育大臣が教育政策で劇的な成果を出すことが比較的難しいことも一因であると考えられる。実際に、剛腕タイプの政治家が教育大臣となって即効性を狙った教育行政施策を打ち出した際に、教育現場に不安や混乱が生じた例も聞かれる。

　日本においても、教育行政と文化行政の序列を必ずしも固定的に考えないフランスを参考にすることは可能と考えられる。例えば文化を文部科学行政における主要な課題として重視し、他方、教育行政については現在中教審が果たしている機能を強化して相当の独自性を持たせるなどの構造が検討されて良いと思われる。

5．教育財源の問題

　前述のように、日本では各省（ministry）は大臣（minister）の役所であり、予算についても担当官庁が財務当局に要求し、予算によっては大臣間の折衝（せっしょう）を経て内閣原案が作成される。「教育権の独立」の名に値する教育予算制度を考える場合、担当大臣がどの程度の権限を持つような制度にするかについて、慎重な検討が必要と考えられる。

　例えば、大臣の指揮を直接受けない「国家教育委員会」のような行政委員会制度を作り、担当省が財務当局に要求して予算確保を行うとした場合、その委員会が新たな予算措置を行うと決めても、担当省がその財源を確保できる保証はないという問題がある。

　担当省による通常ルートの予算要求作業を行わないとすれば、「目的税」や「特定財源」方式をとるか、国から地方公共団体へ交付する地方交付税のように国税収入に対する比率を決めておくか、あるいは財源を地方自治体に完全に委譲するなどの方法が考えられる。

　「目的税」「特定財源」方式をとった場合の問題の一つは、財源がほぼ固定化してしまうことである。予算額が固まってしまうと、新たな施策が打てず、教育財政が硬直化してしまうという問題が出てくる。また、その額が少なければ現場は窮乏（きゅうぼう）する。もう一つの問題は、納税者の負担感が伴うことであり、財源額が多くなるようにすれば、納税者である国民の批判にさらされる可能性が高くなる。

　地方交付税のように国税収入に対する比率を決めておく場合も、財源の額がほぼ固定化し、教育財政が硬直化したり、現場が窮乏化したりするおそれがある。

　地方自治体に委譲する場合は、地方財源の状況が厳しい自治体では教育条件の維持や改善が難しくなり、自治体間で著しい地域格差が生じる危険性が高い。また、首長の交代等による激変のおそれもある。

Ⅲ　地方レベルの教育行政の独立性 —— 首長と教育行政

　近年、地方における政治家と教育行政、あるいは首長と教育行政との緊張関係に関する問題がしばしば報道されている。例えば、いじめ問題や体罰事件に関して、担当教員や校長・教頭、当該公立学校を監督する教育委員会の対応が世論の批判を受けるだけでなく、教育委員会の方針が当該地方自治体の首長と食い違うなど、一般行政を司る首長と教育行政を担当する教育委員会との対応が明らかに相違したり、首長が教育委員会の体制を批判したりしたとの報道があったことも記憶に新しい。
　具体例を挙げれば、大阪市長が2013（平成25）年度の入試の直前に、体罰事件が起きていた市立高校のコース変更を打ち出したことについて、反対意見が多かったものの、支持意見も少なくなかったことが報道された。支持率の高い政治家が自信ある判断を下すのに比べて、不祥事が関連する問題に関しては、学校関係者や教育委員会の毅然としない対応が一般市民の不信感を増幅させることが多いと考えられる。
　このような事態が起こると、現行制度下では、任命された非常勤の教育委員が自信を持って大胆な方針を打ち出すことはなかなか期待しにくいので、教育委員会制度への批判や教育委員会廃止論を引き起こすことになる。
　国がカリキュラムや教育環境の基準を定めたり、自治体が学校や施設の設置改廃を定めたりしている現状では、教育委員が力量を発揮できる場面はあまり多くないと言える。マスコミの論調が「国が何とかしろ。」となることが多く、国の関与が増えることはあっても、地方への実質的な権限委譲が進みにくい状況では、今後とも教育委員会の特色を発揮できる場面が増えることはあまり期待できない。

また、守旧的で事なかれ主義の教育委員会事務局に不満を募らせる首長を見て、教育行政も首長が直接担当したほうが良いと思う住民も少なくないであろう。また、単に人気のあるポピュリスト型の首長ではなく、人格識見に優れた視野の広い哲人政治家型の首長であれば、住民や教育関係者からの信頼も厚いであろう。

　しかし、首長が直接教育を担う制度に変えた場合の問題を考えると、国レベルと同様、①首長は議会以外からチェックを受けることが少ないため、教育行政が迷走してもこれを牽制することが難しい。②首長はいずれ交代するが、交代による方針の変化によっては教育現場が混乱するおそれがある。③世代間の利害でいえば、将来を担う世代ではなく、現在の有権者に対して責任を負っていることから、首長には子供の幸福や長期的・国際的視野を考えるだけでなく、次の選挙で勝つような行政をしなければならないという制約がある。

　一方では、教育委員をかつてのような公選制に戻して権限を強化すべきとの主張もあるが、公選制は、各委員が党派政治に結びついてしまい、委員会として機能しなくなる危険性の高い制度であるという批判を免れない。

　本稿は、現在の地方自治体における教育委員会制度をどのように改善又は廃止したらよいかという議論に踏み込もうとするものではないが、どのような制度であれば現在の教育行政を超え、住民の期待に応えた英邁（えいまい）な決断ができ、かつ、子供の幸福を考えた視野の広い教育行政を行うことが可能になるかという観点から、現在中央教育審議会で行われている制度改革の議論や、今後の国政レベルでの議論の動向には注視せざるを得ない。

Ⅳ 地域の公立学校の独立性

　現在我が国では、保護者や地域の関係者が参加する学校運営協議会で学校の運営方針を決めていく「コミュニティ・スクール」制度を導入する動きが進められている。保護者や地域の関係者が校長、教職員とともに学校の運営方針の決定に関与することは、国や地方の行政というフィルターをかけずに学校現場や地域の声が反映できるメリットがある。

　牧口常三郎創価教育学会会長は著書『創価教育学体系』において、現在の日本の「コミュニティ・スクール」よりもさらに進んだ、保護者が学校運営に直接参加する考え方として、「学校自治権」を提唱している。(7) 牧口会長が校長を務めていた当時、学校の教育や人事に対し、地元の関係者による理不尽な圧力があったことがこの提言の契機とも考えられるが、「地域の学校は、人間社会が進歩して来れば、国公立というよりも私立、あるいはコミュニティ立に近い形態に進んでいく」との同会長の発展観に基づくものである。

　「学校自治権」を実現した学校では、政治家や有力者が行政を通じて学校教育を不当に歪曲することを緩和したり、防いだりすることが期待できるため、「四権分立」の目的や考え方に沿った制度であるということができる。将来的には地域や学区の自治から学校運営を構築していくことが、「政治と教育」の問題を解決していく基礎となりうるとも考えられる。

　他方、学校運営の当事者となった保護者自身が、政治的な観点や個人的な心情から「あの教材を使わないでほしい。」、「あそこに見学へ行ってはいけない。」、「あのような給食はやめてほしい。」といった意見を出したり、純粋に子供の幸福を願う動機であっても「校長は辞めろ。」、「あの教員を代えてほしい。」、「あの子をクラスに受け入れない

でほしい。」といった、感情的又はその場しのぎの判断や学校運営上拙劣な判断を迫る意見が出されたりした場合、これを排除できるかどうかという問題がある。

　これまでのＰＴＡなどの一般的な状況や、一部の日本人学校など自治的な運営を行ってきた学校における経験から見た限り、残念ながら現在の日本人のマネジメント力では、かなり多くの学校で運営全般が混乱に陥るおそれがあると考えざるを得ない。「学校自治権」を実現するには、保護者にも教職員にも「マネジメント力」「経営力」あるいは「自治力」と言えるような力が必要であるものの、地域の団体の役員経験者など一部の人々を除けば、我々日本人には自治的な団体を運営する機会や訓練が一般的にまだ不足しているのではないか、民主主義社会を構成する主権者として必要な教育や訓練の機会が不足しているのではないかと考えられる。

おわりに

　2000（平成12）年の教育改革国民会議発足から2005（平成17）年の教育基本法改正までの間、多くの一般紙で、自由民主党議員主導による改正案について公明党の賛成を得られるかどうかといった記事が掲載された。

　特に、2001（平成13）年に公明党の創立者でもある池田ＳＧＩ会長の「私自身は、拙速は慎むべきであると考える。」[8]との新聞寄稿もあり、公明党の支持母体である創価学会の反応についても注目された。

　創価学会員の教育者グループである同会の教育本部は、創価学会が昭和5年に「創価教育学会」として教育者を中心に創立され、戦時中に政府から厳しい思想弾圧を受けた歴史を継承している。しかしながら、現在では教育公務員の身分を有するメンバーが多い上、行政職、

管理職や組合役員など、立場もさまざまであり、教育基本法や教育行政の在り方について、特定の意見を共有したことはないとみられる。
　他方、池田SGI会長が「四権分立」を提唱してきたこともあり、今後も自公政権下で教育や教育行政の根幹に関わる制度改正が提案される場合には、「四権分立」論の考慮を避けて通ることはできないであろう。
　したがって、今後、同会長がこれまでに提唱している「教育のための社会」、「教育国連」構想とも関連し、制度論及び運動論の両側面から検討していくことが重要と考えられる。その際、「四権分立」論の趣旨や目的を把握することなく「四権分立」の言葉のみに囚われるといったことのないように注意していく必要がある。

注

（1）池田大作「『教育のための社会』目指して—21世紀と教育・私の所感—」（『聖教新聞』平成12年9月29日付）
（2）池田大作「大学革命について」（『潮』昭和44年7月号）
（3）池田大作創価学会会長メッセージ（NSA〈Nichiren Shoshu of America〉学生部総会1973年10月）
（4）「田中文科相、3大学新設認めず　審議会答申を覆す」（『朝日新聞』平成24年11月3日付ほか）
（5）『読売新聞』2012年7月20日付ほか
（6）「入試中止や予算停止に反対上回る　産経・FNN世論調査」（『MSN産経新聞ニュース』平成25年1月28日ほか）
（7）牧口常三郎, 1930〜34,『創価教育学体系』（第三文明社「牧口常三郎全集」第六巻所収）
（8）池田大作「私の視点『教育基本法　見直すより大いに生かせ（見出し）』」（『朝日新聞』2001年5月23日付）

論文003

四権分立の可能性
― 日本とコスタリカ共和国の制度の比較を通じて ―

石坂 広樹

ISHIZAKA, Hiroki

ここでは、一国における「四権分立」構想の実現可能性について検討し、日本と中米コスタリカ共和国との比較分析を通して検証を深める。

はじめに

　大学紛争の激しかった1960年代、当時、日本政府・大学経営側は、大学管理法の制定など、国家権力による大学紛争の解決を目指していた。このような深刻な状況を心から危惧した池田創価学会会長(当時)は、教育の自立性を保障するために立法、司法、行政の三権に教育を加える「四権分立」構想を提唱した(池田1969)。この構想は、政治にコントロールされがちな教育を市民(国民)・民衆の手に取り戻すという、人間主義・民主主義に強く裏打ちされている。

　その後も池田SGI会長は、国家権力による教育のコントロールの危険性や政権交代の度に繰り返される教育政策の変遷・中断に鑑み、さまざまな機会を通じて「四権分立」構想を訴えてきた。

　本稿では、さまざまな機会を通じて提唱されてきた池田SGI会長の「四権分立」構想が現在どこまで実現されているか、また、今後の具体化の可能性について検証することとしたい。まず、本稿の考える教育権の姿について論じ、次に、池田SGI会長、そして牧口創価学会初代会長の著作等の中にある「四権分立」構想に関連する具体的な提言を概観するとともに、「四権分立」の必要性について言及していく。さらに、日本の現状を足掛かりに一国における「四権分立」の実現の可能性について検討していく。言うまでもなく「四権分立」構想は一国にとどまるものではなく、全世界・各国での実現を想定したものである。そこで、日本での実現可能性をより深く検証するためにもう一か国の事例として中米のコスタリカ共和国(以下「コスタリカ」)を取り上げ、両国の現状と可能性について比較分析していくこととする。

I 四権分立の姿

「四権分立」構想は、本来的には、立法権・司法権・行政権からの教育権の独立を意味しているが、それは、教育権の新たな定義を伴うものであり（本書の大﨑素史氏の論文参照）、最終的には憲法改正（但し、条文を加える「加憲」）も想定しうる。図1が示すように、教育権を三権に対抗する意味での「教育に関する権力（政府の権能）」として捉えた時、教育権を独立させるには、教育政策の立案・実施、教育関連法案の立案・立法機関への提出、教育予算案の作成・行政機関への提出、立案された教育政策に基づく教育行政全般、上級裁判所への控訴の前段階での教育（行政）関連裁判などが、教育権に属するものと考えることができる。

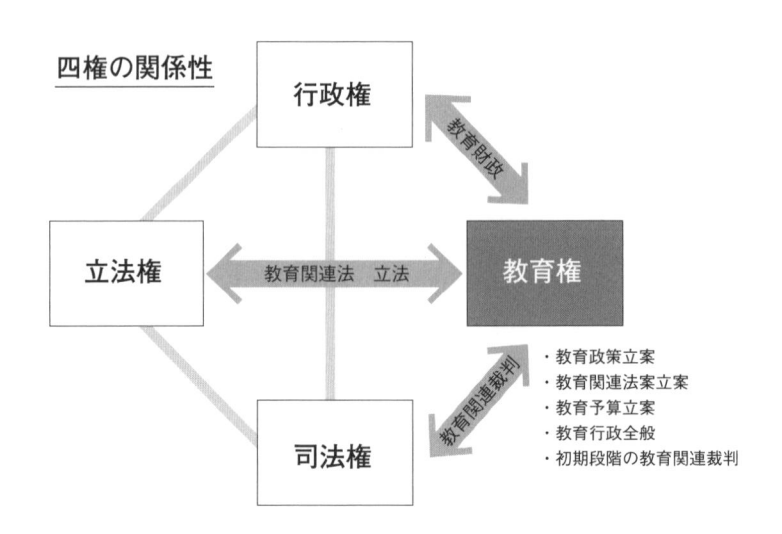

図1：立法権・司法権・行政権・教育権の関係

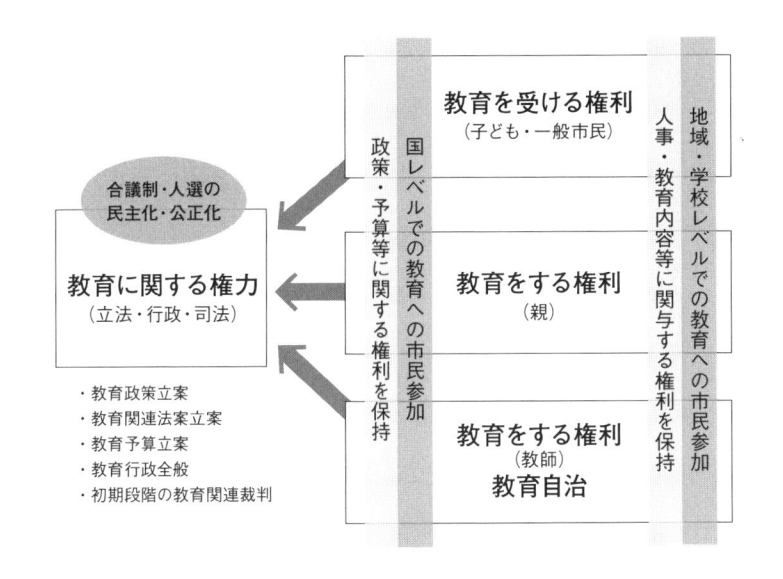

図2：教育権間の関係

[図：中央に「教育に関する権力（立法・行政・司法）」、上部「合議制・人選の民主化・公正化」、左下に「・教育政策立案／・教育関連法案立案／・教育予算立案／・教育行政全般／・初期段階の教育関連裁判」。右側に上から「教育を受ける権利（子ども・一般市民）」「教育をする権利（親）」「教育をする権利（教師）　教育自治」。中央帯「国レベルでの教育への市民参加　政策・予算等に関する権利を保持」、右端帯「地域・学校レベルでの教育への市民参加　人事・教育内容等に関与する権利を保持」]

　次に、教育権内の権利・権力関係はどうなるだろうか。大きく分けて教育権力と教育に関する権利の2つの間の抑制と均衡（きんこう）を想定することができよう。本稿では、権利には、主に、①子どもの、広くは市民の教育を受ける権利、②親の教育をする権利（義務もあるがここでは権利論に集約）、③教師の教育をする権利・教育自治（大学自治を含む）の3つを想定した。

　図2のように、教育に関する権利の側（子ども・親・教師・一般市民）からすれば、教育内容だけでなく、教育に関する立法・司法・行政の分野に何らかの形で関与（参加）することで初めて権力による教育内容への不当な支配を防ぐ（抑制する）ことができるものと考えられる。なぜなら、権力分立の根本精神である権力間の抑制と均衡（チェック＆バランス）とは、決して権力間の関係断絶を意味するのではなく、関係性を保った上での権力分配の公平性を意味するからである。そも

そも、関係断絶自体が不可能なのは言うまでもない。だからこそ、不可能であるならば、むしろ「関係する＝関与する＝参加する」ことが必要ではないだろうかと本稿では考えた。また、これを教育分野での市民の公的参加（public participation）の一形態と本稿では捉えている（Ishizaka, 2011）。

　具体的な参加の形態には、大きく分けて国・地域・学校の３つのレベルが考えられ、国レベルでは国の教育政策・教育関連法案・予算等の立案に関与することが想定され、地域・学校では、教育内容や校長・教員人事などに関与することが想定される。参加するということは、さまざまなステイクフォルダー（利害関係者）、例えば教育行政職員、教員、そして広くは市民、狭くは児童・生徒・学生、父母などが集まり、合議体において民主的かつ公平に協議し各課題・方針等を決定することを意味する。参加者の人選はもちろん公正なものでなければならない。市民（国民）は選挙・国民審査・世論などを通じて、立法権・司法権・行政権に関与することになっているが、教育権に対しても、このような市民による教育への公的参加によって関与し、抑制と均衡を保つことが目指せるだろう（Ishizaka, 2011）。

II　池田SGI会長・牧口創価学会初代会長の具体的な提言

　さて、以上の「四権分立」の案に基づき、教育権を定義し、憲法にその定義を入れることができれば、「四権分立」構想は完全に実現したと言えるだろうか。結論は否であろう。なぜなら、「四権分立」構想とは、その本来的な意味の中に「教育を市民（国民）・民衆の手に取り戻す」という哲学があり、教育権の独立の「内実」を求めるものだからである。では、その内実として、いかなるものが考えられるだろうか。

牧口初代会長は、著書『創価教育学体系Ⅲ』（牧口1932）において、教育政策を立案する「教育参謀本部」を設立することを提案した。「教育参謀本部」について牧口初代会長は、「日本の教育改造案に於ける最も重大なる急務の一は、末梢部に於いて直接の衝に当る教員の実質を改良し、之を信任して十分の能率を発揮せしめると共に、中枢部に於て系統的に恒久の計画をなす教育の参謀本部の機関を完成するにあると信ずる」（牧口1932、p.183）と述べている。

　他の一般行政と異なり教育には特殊性があり、「人民の自由活動の振興に追随し、弊害の顕れた時に初めて統制権を振う」（前掲、p.184）という消極的態度では足りず、積極的進取的な態度が必要で、「教育の主義方針の建設、建直しに遺漏なく、以て時勢の進歩に順応して居ねばならぬ」（前掲、p.184）とし、「教育参謀本部」の必要性を主張した。

　また、牧口初代会長は、文部省（当時）は規定法規の施行機関に過ぎず、文部省下にある文政審議会（当時）は教育政策の内容について議論することができるが、教育政策を直接立案するものではなく、あくまでも諮問機関でしかない。よって、「教育参謀本部」は、合議機関とし、社会各方面の教育理解者として、新進の思想者（教育研究者）・実際者（教育実践者）の代表者が集い、教育政策等について論議協定すべきであるとしている（牧口1932）。

　他方、牧口初代会長は教権確立論（牧口1932）の中で、教育が国レベルの重要な課題でもあることからそのすべてを学校長や教員の自由に委ねるわけにはいかないことを認めつつも、強権的な監視・統制を許した視学制度（当時）を廃止し学校自治権を確立する必要があると説いた。学校自治とは、単に校長・教員による教育の自由を確保するだけでなく、保護者会などを通じた保護者の「教育参政権」を認め、校長や教員の人事についても意見できるようにすべきではないかと問題提起している（牧口1932）。ただ、一点気を付けるべき点として、地域の一部の有力者などの影響に支配されないように公平かつ合理的な

運営が必要になるとしている。

なお、牧口初代会長は、教育関連の裁判・行政処分についても教権確立論（牧口1932）で言及している。具体的には、「教育争議調停機関」「教育懲戒機関」「善良教員の擁護機関」の3つの機関の設置を提案した。「教育争議調停機関」とは、教育に関連した争議・裁判を取り扱う機関であり、戦前に存在した特別裁判所である「行政裁判所」とは異なり、陪審制なども活用し、教育に精通した有識者（教職経験・退職者など）による審判を可能とすることを想定した。「教育懲戒機関」と「善良教員の擁護機関」の2つは、あたかも教育関連の争議における警察・検事と弁護士の関係に例えることができる。教育が子どもの精神・思想・生活にポジティブ・ネガティブ双方向に大きく影響を与えうることに鑑み、教育関係者の懲罰と保護という相反する目的をそれぞれの機関に担わせ、バランスをとることを考えた。

他方、池田SGI会長は以上の牧口初代会長の提言を踏まえつつ、現代の実情にあった内容・名称等を適宜提示している。特に2000年に発表した「創価学会70周年記念教育提言：教育のための社会を目指して」は具体的・網羅的な提言であり、本稿では主に同提言に基づき解説することとする。

提言において池田SGI会長は、知識偏重の詰め込み教育や過激な受験戦争への反省を踏まえて、文部省（当時）によって学習内容の削減や学校週5日制の導入などの「ゆとり教育」が推し進められたが、学校に限らず地域や家庭など、社会総体の教育力の衰弱という根本的な原因にメスを入れることなく、ややもすると表面上の制度いじりに終わりかねないと憂慮を表明した。さらに、池田SGI会長は、子どもたちの不登校やいじめ、学力低下などの教育問題の解決には、そもそも人間を国家の発展のための人材（手段）として育成するという20世紀型の教育観を転換し、教育という人間の本源的な営み自体を人間生命の目的であると捉える21世紀に相応しい新しい教育観の必要性を訴

えた。これが、「社会のための教育」から「教育のための社会」へのパラダイム転換である（池田2000）。「教育のための社会」という教育観は、教育の目的を子どもの幸福とした牧口初代会長の教育観（牧口1930）と合致したものであり、どこまでも人間生命の無限の可能性を尊重する人間主義に貫かれている。

　よって、不登校やいじめなどの教育問題の根本的な解決を図るためには、対処療法的・短期的な改革ではなく、教育観の転換を伴うような長期的視点に立って教育について議論する必要がある。そのため、池田SGI会長は、教育に関する恒常的な審議の場として「教育センター（仮称）」の設立を提案した。また、同センターの設置にあたっては、独立機関として発足させ、内閣の交代によって教育方針の継続性が失われないように配慮する必要性を訴えた（池田2000）。「教育センター」の設立を通じた「教育権の独立」の潮流を世界で高めていくことで、日本が「教育立国」という新しいアイデンティティーを確立することができるとしている。

　また、池田SGI会長は、グローバル・レベルの四権分立についても何度も言及している。教育権の独立を世界的規模で実現し、世界平和を実現するために国家の利害を超えた教育次元での交流・協力を行うための機関として「教育国連」構想も提唱している。さらに、同国連の確立のためにも、世界的な問題群を解決する上での教育の重要性に鑑み、政治家だけの「サミット」だけでなく、国家の枠を超えた教育者の地球次元での連帯を図る「世界教育者サミット」の開催を提案している（池田2000）。

　「世界教育者サミット」については、近年、さまざまな形で教育者会議が開催されるようになってきている。例えば、「アジア－太平洋地域ESD（持続可能な開発のための教育）教育者フォーラム」（2009年）では、同地域のESDを実践する教育者が集まり、教育方法・内容に関する交流を行っている。また、2009年にシェーハ・モザ妃の後援の

下カタール財団により発足し、毎年開催されている「国際教育改革サミット（WISE: World Innovation Summit for Education）」なども一例と言えるだろう。2012年に開催された第4回のサミットには、100以上の国から1,200名以上が集った。

　他方、学校レベルでの「四権分立」について、池田SGI会長は、「これまでの中央主導の統制型システムを改め、学校ごとの裁量の幅を広げ、選出プロセスを民主化・透明化した上での校長の権限拡大や、教員の創意工夫を奨励していく制度への移行」（池田2000、pp.50）が必要であると述べている。また、教科書検定や学習指導要領など、国家による教育内容細部への関与は学校や教員の自律性を損なうだけでなく、子どもの個性や創造性を育む土壌を育てることが困難であるとし、教育に関する「統一的な基準は大枠のものに止め、運用にあたっては現場の主体性を尊重する方向で調整していくべき」（池田2000、pp.50）と主張している。さらに、池田SGI会長は、学校の教育力を高めていくには、個々の教員の資質の向上を目指す免許更新制などに偏重することなく、「開かれた教室」をモットーにすべての教員が切磋琢磨できるような校内研修や教員研修を推進し、地域住民や父母も参加し学校運営をするような「コミュニティ・スクール」などさまざまなタイプの学校を認可していくことが必要であると述べている（池田2000）。

　以上の池田SGI会長・牧口初代会長の「四権分立」に関する提言等をまとめると表1の通りである。次に、「四権分立」の具体化について議論する前に、まず日本の現状について概観していくこととする。

III　日本の現状

　1998年に発足した小渕政権は、2000年に私的諮問機関として「教

表1：池田SGI会長・牧口初代会長の「四権分立」関連の具体的提言

	池田SGI会長（2000）	牧口初代会長（1932）
国レベルの四権分立	・教育センターの設立	・教育参謀本部の設立 ・教育争議調停機関の設立
学校レベルの四権分立	・学校裁量権の拡大 ・校長人事の民主化・透明化 ・校長権限の拡大 ・学習指導要領などは大枠としての基準に限定 ・コミュニティ・スクールなど多様な学校の認可	・学校自治権の確立（視学制度の廃止） ・保護者会の学校教育への参加
グローバル・レベルの四権分立	・世界教育者サミット ・教育国連の設立	
教育の捉え方	・教育のための社会（教育こそ人間の本源的な営み）	・教育の目的は子どもの幸福
根底となる思想	・人間生命の無限の可能性を尊重する人間主義	

育改革国民会議」を内閣に設置し、教育改革政策を検討した。同会議は1984年～1987年にかけて中曽根政権下で設置された「臨時教育審議会」以来の文部科学省（以下「文科省」）外で教育を審議する諮問機関であり、自民党の教育改革への強い意思の表れであると考えられた。小渕政権後の森政権時にも同会議は審議を継続し、2000年末には最終報告書として「教育を変える17の提案」を内閣に提出した。同報告書では、学校での道徳教育・奉仕活動の推進、新しいタイプの学校（コミュニティ・スクール等）の設置の促進、教育振興基本計画の立案、新しい時代に合わせた教育基本法の改正などが提唱された。また、2000年には、「学校評議員制度」（学校教育法施行規則第49条等。国公私立の幼・小・中・高・中等教育・特別支援学校）の運用が開始された。同制度は、地域社会に開かれた学校づくりを目指し、保護者や地域住民などの相互の意思疎通や協力関係を高めるために設けられた。学校

評議員は、学校の職員以外の者の中から校長が推薦することとされている。

小泉政権（2001年～2006年）下では、「総合規制改革会議」や「地方分権改革推進会議」などにおいて、規制緩和・地方分権の一環として教育改革が提案され実施される傾向にあった。前政権下で提示された「教育を変える17の提案」のうち、教育基本法の改正案の内容について文科省・中央教育審議会（以下「中教審」）などを通じて強力に検討していくこととなる。また、各種法律を改正して、株式会社等による学校教育の民営化（2002年）、学校選択制導入地域の増加（2003年）、「学校運営協議会」の設立（2004年）、義務教育費の国庫負担削減（負担率3分の1に引き下げ）（2006年）などを実現した。また、2002年には、完全学校週5日制が実施され、学習指導要領も改訂され「生きる力」を児童・生徒が身に着けることの重要性が明記されている。「学校運営協議会」とは、教育委員会が個別に指定する公立学校において地域社会が学校運営に携わるために設置されたものである（地方教育行政の組織及び運営に関する法律第47条の5）。また、「学校運営協議会」の設置されている学校を総称して「コミュニティ・スクール」とも呼ばれている。

第一次安倍政権（2006年～2007年）は、短命であったが、教育界に大きな変化をもたらした。まず、教育基本法の改正（2006年）である。同改正では、①公共の精神、伝統と文化の尊重、愛国心・郷土愛を育む教育の推進、②国家・社会の形成者の育成、③生涯学習・家庭教育・幼児期の教育、④教育行政の国・地方公共団体での役割分担・相互協力、⑤教育振興基本計画の策定・実施などが新たに規定されることとなった。

次に、教育基本法改正を受けて、学校教育法、地方教育行政の組織及び運営に関する法律（以下「地方教育行政法」）、教育職員免許法（及び教育公務員特例法）の教育3法が2007年に改正された。主な改正点とし

ては、①学校教育の目標に、公共の精神、伝統と文化の尊重、愛国心・郷土愛を育むこと、また、確かな学力の確保等について明記、②副校長・主幹教諭・指導教諭の創設、③学校評価の実施・公表、④教育委員会委員数の弾力化・保護者の委員としての選任・委員会の役割の明記、⑤国の教育委員会への是正要求権、⑥市町村教育委員会への指導主事の配置努力、⑦教員免許更新制の導入、⑧指導の不適切教員の認定・指導改善研修・分限処分（免職・停職）や転任、などが挙げられる。なお、学力低下に対する懸念から、2007年には全国学力・学習状況調査が開始されている。

　小渕政権同様に第一次安倍政権においても内閣の下に「教育再生会議」を設置したが、同内閣の退陣後、福田政権になってから、最終報告書『社会総がかりで教育再生を』が完成した。同報告書では、①学力の向上への取り組み、②「6-3-3-4制」の弾力化、③英語教育の抜本的改革、④徳育の「教科」化、⑤学校のマネジメント体制の確立と校長のリーダーシップの発揮、⑥学校の情報公開・保護者・地域の学校評価・参加、⑦適正な競争原理の導入などが謳われた。

　第一次安倍政権に続く福田・麻生政権はいずれも支持率が低く短命政権であったため、前政権の教育政策の継続的な実施が困難となった。安倍政権下の「教育再生会議」の流れを引き継ぐことを期待され設置された「教育再生懇談会」も大きな影響力を持つには至らなかった。なお、2008年には学習指導要領が改訂され、教育内容・授業時間数の増加が図られ学力重視の方針が鮮明となった。

　2009年に自民党から民主党に政権が交代することにより、教育政策は180度方向転換された。いじめや不登校が社会問題化したことを受けて2002年度から道徳副教材「心のノート」が小中学校の全児童・生徒に配布されていたが、2010年度から事業仕分けの一環で配布が中止された。2007年から実施されている全国学力・学習状況調査は対象学年の全員を対象としていたが、2010年には全員調査を抽出調

査に変更した。実際には、参加希望する学校も参加を許されたことから、現在でも7割〜8割程度の学校が参加している。自民党政権時代に導入された教員免許更新制度については廃止を検討したが、鳩山・菅・野田の3つの政権がいずれも短命で交代したため、結局審議が不十分となり先送りされている。

　教育分野において民主党政権が実現できた目玉政策は、①高校無償化、②少人数学級の推進の2つである。高校無償化については、2009年の政権交代直後に2010年度予算の概算要求に必要予算を盛り込むとともに関連法律も制定した。このプロセスは中教審などの答申を受けることなくスピーディーに進んだ。少人数学級についても、高校無償化同様に法改正とともに2010年度予算の概算要求に盛り込み、一部2010年度から実施され、2011年度から全国で小学校1年生において35人学級が実現し、現在に至っている。

　しかし、2012年にふたたび自民党が与党に返り咲き第二次安倍政権が発足し、第一次安倍政権で実現しなかった教育政策を実施に結び付けるよう動き出した。具体的には、政権樹立直後に自民党内に「教育再生実行本部」を設置し、内閣には「教育再生実行会議」を設置した。これにより、同本部で実施された調査に基づき報告書等が作成され、同会議においてそれらを資料として採用するという審議のプロセスが採られており、完全に文科省外での教育政策内容の検討を可能とするシステムとなっている。同会議では、月約2回の審議が開かれており、これまでいじめ問題への対応、教育委員会制度改革、大学改革などについて話し合われている。

　また、民主党政権下の教育政策の撤回・廃止にも動き出すことになる。配布が中断していた「心のノート」を2013年度から再開することとなった。また、改訂版作成も有識者会議を立ち上げ検討されることになっている。2013年8月には、高校無償化については世帯年収910万円未満という所得制限を設けることが与党内において合意され

ている。2013年度以降の少人数学級の全学年での実施については、政府として見送ることが決定している。

　以上の1998年から今日（2013年9月現在）までの教育政策の動向にはいくつかの特徴があり、「四権分立」を考える上で重要なことは次の通りである。

① 自民党から民主党へ、また、民主党から自民党への政権交代時に教育政策の大きな方向転換（学力調査・高校無償化・心のノート・少人数学級など）が見られ、政策の一貫性が失われている。両政権の方針転換に挟まれた文科省はそのたびに関係各省庁・教育委員会・学校現場等に説明ないし通達しなければならなくなっている。つまり、本来その政策が児童・生徒にとって必要かどうかという観点が見失われ、長期的な視点に立って議論する時間的な余裕も失われる傾向がある。また、同じ与党政権であっても、議院内閣制の特性（首相の衆議院解散権）と政治の不安定さから政策の継続審議・実施などが困難となっている。

② 特に自民党政権では政治主導の教育政策を立案するために、文科省外で審議する会議（教育改革国民会議・教育再生会議・教育再生実行会議など）が積極的に活用されている。同会議に参加する委員の任命権は通常首相にあり、文科省の影響を受けずに選任することができる。次いで、このような文科省外の会議の報告書に基づき文科省内の中教審や各種審議会等で再審議することが多いが、この場合、全体として教育政策立案・教育改革のスピードが遅くなってしまう可能性がある。これとは逆に、各政権下で臨時に設置される文科省外で審議する会議で検討し文科省内の審議会を通さずに迅速に実施した政策も散見されたが、この場合は、問題の緊急性は理解できるものの、教育の専門家（研究者・実践者）による内容面のチェックに欠けてしまう可能性がある。

③ そもそも近年の教育政策の内容は、教育現場のニーズや課題に対応したものになっているだろうか。例えば、民主党政権下での高校無償化は、十分な議論を経ることなく政権交代直後に実施された施策であり、予算規模は文科省予算全体の約7％を占める大きなものとなっている。しかし、2010年度実績で高校中退の理由のうち経済的な理由を挙げている生徒は、中退者全体の1.9％に過ぎないことに鑑み、高校無償化は、当初の目的であった高校中退者の減少に僅かな貢献しかできない可能性が高い（戸田2012）。高校無償化の是非についても客観的なデータや教育現場での経験のヒアリングなどに基づいた検討をすべきだったのではないだろうか。他方、第二次安倍政権の掲げる道徳科の設立については、第一次安倍政権時代の政策の復活であり自民党にとっては一貫性のある政策と言えるかもしれない。しかし、もし道徳が教科の一つとなれば、教科書が作成され、使用が義務化されることで、これまで培ってきた道徳教育の多様さ・自由度が狭まる可能性が高い。道徳教育は他の教科教育と異なり一定の価値を直接取り扱わざるを得ず、その意味でも、なるべく多様な価値を扱ったり、教材やテーマを教師が自由に扱える余地を残す必要があるのではなかろうか。いずれにしても、教育現場でのこれまでの積み上げ・経験を最大限に尊重し、教科化の是非について十全に検討すべきであろう。

　教育のテーマに関し、どこで誰がどのような内容をどのように議論し決定するのか、また、その議論や決定のプロセスが公平で民主的なものかどうか、議論の結果として決められた合意、ここでは、教育政策、広くは教育関連法律案や教育関連争議の調停（判決）などが、教育現場のニーズと課題に応えるものになっているかどうか、これが「四権分立」の在り方（内実）を決定する基準となるだろう。それで

表2：日本における国レベルの教育政策の諮問組織

組織形態	文科省内の審議会	文科省外の臨時審議会
例	中央教育審議会	教育再生実行会議
委員の任命権者	文部科学大臣	首相・首相自身も委員に
任期・再任可否	2年・再任可	任期なし
勤務形態	非常勤	
会長（座長）選任	委員の互選	首相が選任
会議資料作成	文科省	内閣＋教育再生実行本部（自民党）
会議の公開	原則すべて公開	議事録は公開
会議の成果物	答申	報告書

は、具体的に現在の日本において、このような教育政策等の内容を諮問する組織にはどのようなものがあるだろうか。まず、国レベルでは、文科省内の「中教審」を中心とする各種審議会・部会・分科会等と、文科省外に設置される「教育再生実行会議」などの臨時審議会の2つの形態が挙げられる（表2参照）。

　中教審は、設立から60年以上の歴史を持っており、中央教育審議会令にその設置形態が詳しく明記されている。中教審の委員の任命権者は文科大臣であり、教員経験者は少数派で、研究者や企業家などさまざまな有識者で構成されることが多い。常設の審議会であることから、任期が2年と定められているが再任は可能である。中教審の会長は委員の互選となっており、会議は原則公開となっている。なお、会議資料は文科省が作成したものを主に使っている。

　他方、「教育再生実行会議」は、第二次安倍政権下に設立された臨時の審議会であり、委員は任期等はなく、すべての審議が完了すれば審議会の解散とともに委員も解任されることとなる。委員と座長は首相が直接選任することとなっており、さらに、首相・官房長官など閣僚が一委員として参加することになっている。会議の公開については、

原則議事録のみの公開にとどまっている。なお、会議資料は、委員自身が作成したものか、内閣、さらには自民党の「教育再生実行本部」の作成したものを採用している。特に「教育再生実行本部」の作成する資料は報告書の原案に近いものであり、強い影響力を持っている。

なお、いずれの組織も、内閣ないし文科省から「諮問」され、それに対し「報告」ないし「答申」を返すという機能を有しているが、実質的には、中教審や文科省外の臨時審議会での合意内容がそのまま時の教育政策となる傾向にあり、5か年の中期教育政策である「教育振興基本計画」さえも中教審の「答申」そのままの内容になっている。

地方レベルにおいては、教育委員会が地方版の教育政策として「教育振興基本計画」を策定するよう努めなければならないとされているが、その組織運営はどのようになっているだろうか。また、学校レベルにおいては、地域住民や父母の学校運営への参加を促す制度として2004年に「学校運営協議会」が導入されたが、どのような組織形態になっているだろうか。

まず、教育委員会の特徴についてまとめると表3のようになる。地方教育行政法によれば、教育委員会の組織体系は以下の通りとなっている。委員会は、通常5名の委員から構成され（例外的に6人以上、または3人以上も認められる。同法第3条）、首長が議会の同意を得て任命することになっており、表3にあるように政党所属・役員兼務・政治活動などに制限が設けられているだけでなく、委員の中に保護者を入れなければならないとされている。また、委員の任期は4年で再任可とされ、議決は出席委員の過半数でなされることとなっている。

委員会は、教育機関設置・廃止、財産管理、教育機関職員の任免、児童生徒の入退学・転学、学校組織編制・教育課程、教科書選定、教育予算への意見具申等に関する事項を管轄できるとされており、学校教育の根幹を左右する人事・教育内容・教材・予算等について所掌している（表3参照）。

表3：日本における地方レベルの教育政策決定・諮問組織

組織形態	教育委員会（都道府県・市町村）
委員の任命権	首長が議会の同意を得て任命
任期・再任可否	4年・再任可
勤務形態	委員長・委員：非常勤　　　教育長：常勤
長の選任	教育委員長：委員の互選　教育長：委員の互選
会議の公開	原則公開
議決	出席委員の過半数
主な職務権限 （教育委員会・教育長・首長の権限の違い）	（教育委員会）教育機関設置・廃止、財産管理、教育機関職員の任免、児童生徒の入退学・転学、学校組織編制・教育課程、教科書選定、教育予算への意見具申 （教育長）次の事項以外の事務：教育の基本方針、規則等の制定・改廃、教育機関の設置・廃止、教育機関職員任免、点検評価、教育予算への意見具申 （首長）大学・私立学校関連業務、教育委員会所掌事項に係る契約・予算原案作成・予算原案送付・予算執行
委員の重要な要件	• 委員定数の二分の一以上の者は同一政党に所属できない • 委員に保護者を含まなければならない • 政党の役員兼務の禁止、積極的な政治活動の禁止

　他方、委員のうち、委員長と教育長が選ばれることになっており、委員長は委員会を代表するとされ、教育長は、教育委員会の指揮監督の下、事務全般を担当するとされている。ただし、教育長は教育委員会で扱う事柄のうち、教育の基本方針、規則等の制定・改廃、教育機関の設置・廃止、教育機関職員任免、点検評価、教育予算への意見具申等について、委員会での審議を経ずして業務を行うことはできないものとされている。

　しかし、図3にあるように、非常勤でありその多くが教育に精通していない他の委員とは異なり、教育長は常勤という安定した職位と豊富な教職経験ないし教育行政経験等を活かしつつ、委員会の議事等への「助言」、教職員人事の推薦、部下に当たる指導主事を通じた学校への指導を行える立場にある。また、委員会の一委員としての議決権

を保持しており、議事資料を事務局の長として準備しつつ、委員会本会議において比較優位に立った議論を進めることができ、結果として他の委員の役割が形骸化される可能性がある（堀2001、荒井2012）。

　他方、首長は委員の任命権と予算原案作成・予算原案送付・予算執行権を有しており、教育委員会・教育長は首長の意向を教育政策（例えば、教育振興基本計画）の立案・実施に際して何らかの形で配慮・反映する傾向にある（荒井2012、押田2012）。

　近年、首長と教育委員会との関係で注視されているのが、大阪府・大阪市の事例である。2012年に大阪府議会にて大阪府教育行政基本条例・大阪府立学校条例が、大阪市議会にて大阪市教育行政基本条例・大阪市立学校活性化条例が成立し、①府知事・市長による「教育振興基本計画」の作成、②教育委員会委員の自己点検評価、③校長による学校運営計画作成の義務化、④学校評価・教員の勤務成績の評定、⑤保護者等の学校運営への参加（「学校協議会」）、⑥校長の原則公募化、⑦教育委員会・校長による教員への指導改善のための指導・助言・措置（研修・免職等）などが実施されることとなった。

　例えば、国から作成努力が求められている地方版の「教育振興基本計画」については、①大阪府・大阪市においては作成を義務とする、②基本計画の案は、府知事・市長が各教育委員会と協議して作成し、議会の議決を得る、③知事・市長は同協議が調わない時は委員会の意見を付して基本計画の案を議会に提出する、④府知事・市長は教育委員会と共同で基本計画を毎年点検評価し報告書を議会に提出し公表しなければならないとしており、首長による教育政策への積極的な関与を可能にしていることが分かる（中嶋2013、武者2013）。

　府知事・市長の保持する教育委員会委員の任命権だけでなく、自ら作成に関与する地方版の「教育振興基本計画」に基づき、教育委員会の業務を点検・評価することが可能となっている。次に、教育委員会による校長の公募任用、校長に対する指導・助言、学校協議会による

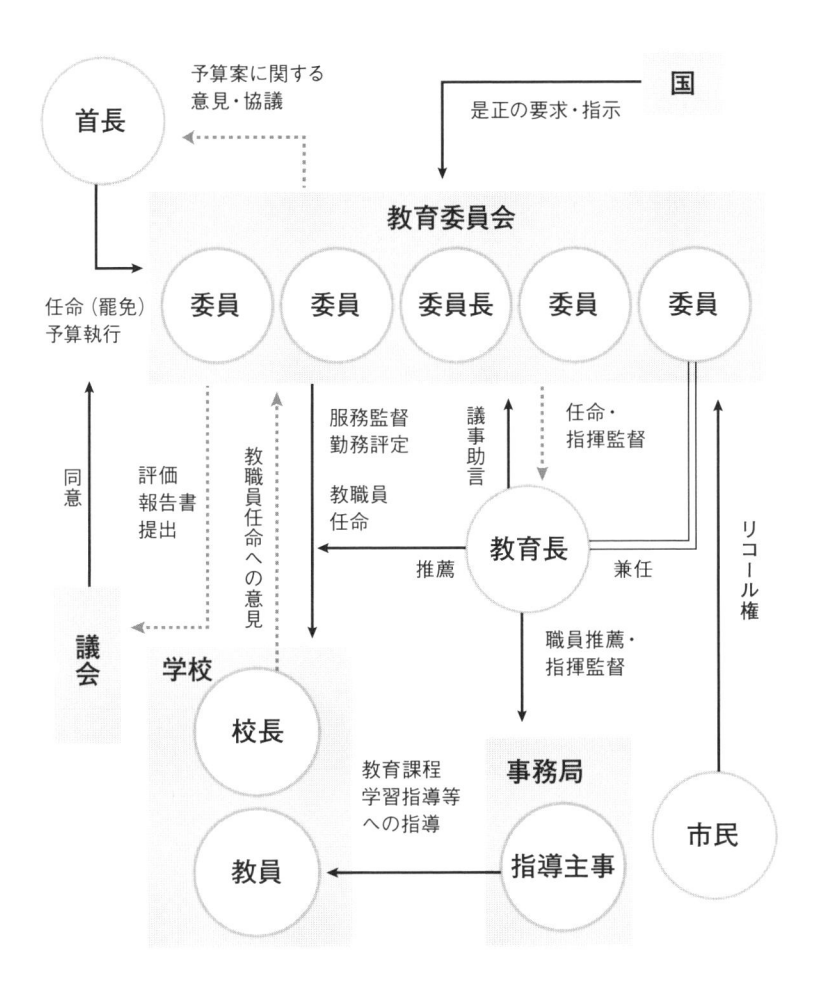

図3：現行の教育委員会制度の概要

学校評価などを通じて、学校・校長に対する指導監督体制がより強固なものとなっている。さらに、校長による教員の勤務評定・指導改善のための指導・助言・措置を条例に明記することで、府・市→教育委員会→校長→教員という上位下達の教育行政・マネジメントのプロセ

スを構築している。

　他方、2013年4月に公表された「教育再生実行会議」の「第二次提言：教育委員会制度等の在り方について」（以下「第二次提言」）において、今後中教審などを通じて新しい教育委員会・教育長の姿を模索することが提案されている。教育委員会委員の役割が形骸化していることに鑑み、教育委員会そのものを、所掌事項を審議し答申する中教審のような組織に改編し、委員長職を廃止し、教育長に権限を一元化するというものであり、これにより教育長が名実ともに教育委員会を代表し、所掌事項の最終決定を行うことが可能となる（図4参照）。

　次いで、国と教育委員会、国と都道府県・市町村、教育委員会間などの関係について見ていくことにしよう。地方教育行政法によれば、国（文科大臣）は、教育委員会が法令違反や事務管理・執行に怠りがあり、児童・生徒の教育を受ける機会が妨げられている・教育を受ける権利が侵害されている場合に、講ずべき措置の内容を指示することができる（「是正の要求」）。また、同様の法令違反や怠りから、児童・生徒の生命身体保護のため緊急の必要があるときは、当該違反を是正し、又は当該事務管理・思考を改めるべきことを「指示」することができるとしている（図5参照）。

　さらに、文科大臣は都道府県又は市町村に対し、教育に関する事務の適正な処理を図るために、必要な「指導・助言・援助」を行うことができるとしている。文科大臣同様に都道府県教育委員会は市町村に対し同様な「指導・助言・援助」を行うことができるとしている。地方教育行政法によれば、「指導・助言・援助」の例としては、①教育機関設置・管理・整備に係る指導・助言、②学校の組織編制・教育課程・学習指導・生徒指導・職業指導・教科書等教材・学校運営に係る指導・助言など、その他のほぼありとあらゆる学校教育に関する事項がその対象として挙げられている。

　また、教育予算に係る国と都道府県の関係に関しては、小泉政権下

四権分立の可能性

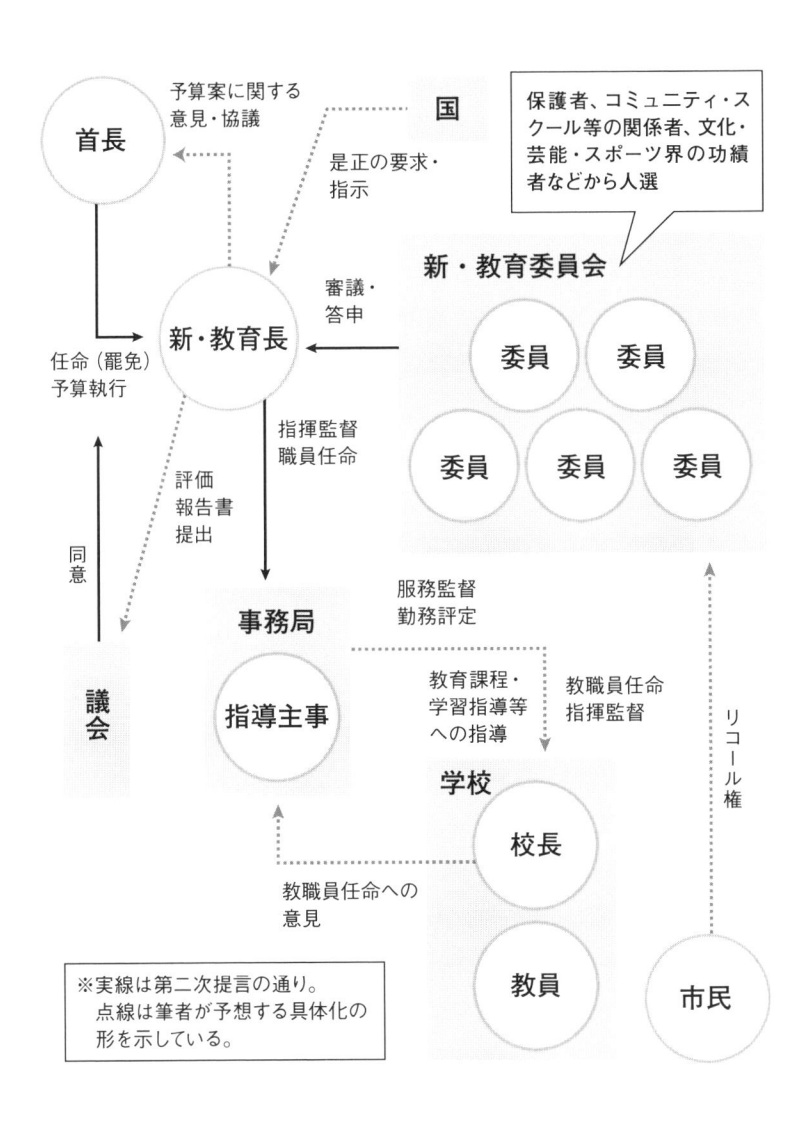

図4：教育再生実行会議第二次提言における「新・教育委員会」像

における規制緩和・地方分権の推進により、義務教育学校の教員給与について、2004年に「総額裁量制」が導入され、2006年には義務教育費国庫負担金の負担率が1/2から1/3に変更された。なお、公立の小・中学校における教室の不足を解消するための校舎の新築又は増築、屋内運動場の新築又は増築に係る経費については、国庫の負担率は1/2とされている。

その他の経費については、各都道府県が自己財源からこれに充てることとされており、教育関連予算の規模は各都道府県の財政状況に依存するところが大きい。よって、教員数だけでなく教員待遇面・学校の裁量で使える予算の規模などについては都道府県によって大きく異なり、教育格差につながる可能性がある。「総額裁量制」とは、義務教育費国庫負担金の総額の範囲内で、給与額や教職員配置に関する地方の裁量を拡大する仕組みのことである。この制度の導入により、非常勤講師を増やすことで実働教員数を増やすことが可能になった反面、各教員の給与待遇面の漸進的劣化、非常勤講師への依存の常態化を招いており、学級運営や教育内容などへの影響も心配されている（山崎2010）。なお、教育財政面での「四権分立」については、本書の横山光子氏の論文を参照されたい。

都道府県教育委員会と市町村教育委員会との関係は、多少複雑なものになっている。地方教育行政法によれば、原則として都道府県教育委員会は、県費負担教職員の任免、教職員定数の決定、教員の配分などを行うものとされ、これに対し市町村教育委員会は服務監督、勤務評定などを行うこととされている。なお、政令指定都市の教育委員会は教職員の任免・給与・勤務条件等に関する権限を有している（図5参照）。

なお、2010年に橋下大阪府知事（当時）が文科省に対し、地方教育行政法第55条に規定されている「事務処理特例制度」により、市町村が、県費負担教職員の任命権、教職員定数の決定権、学級編成基準

四権分立の可能性

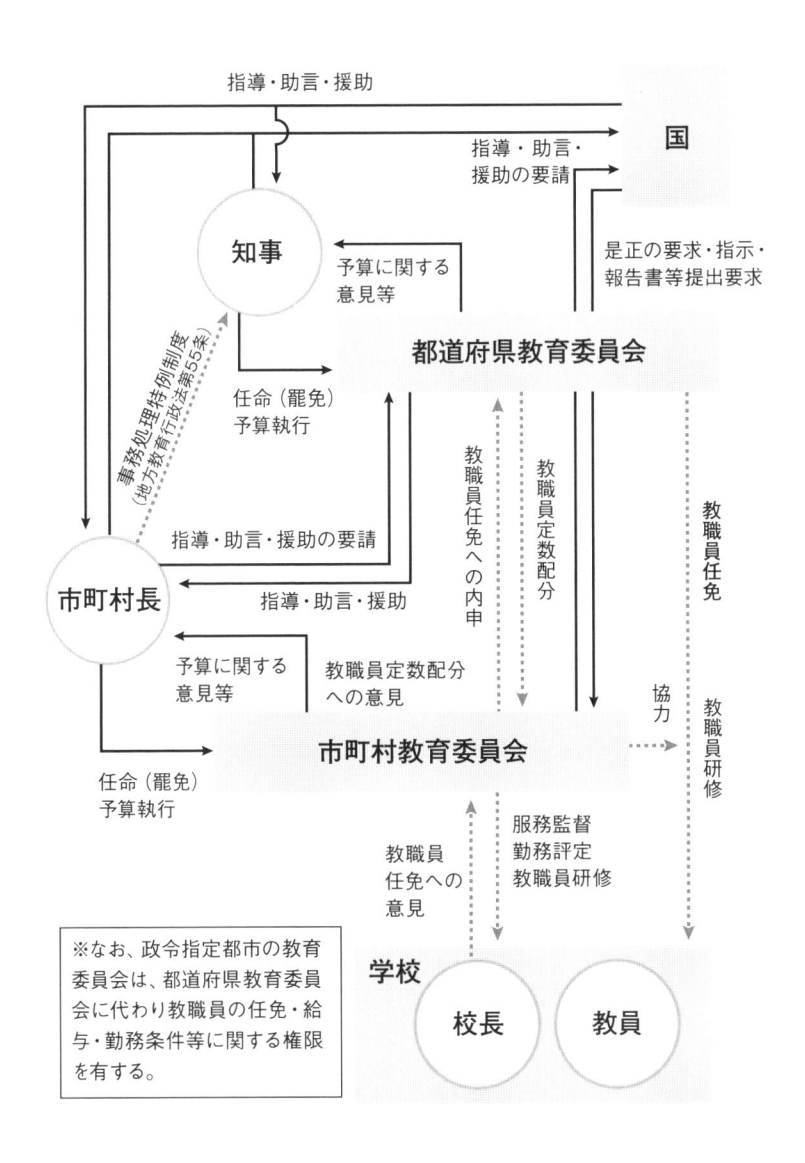

図5：国・都道府県・市町村・教育委員会・学校の関係性

の決定権を都道府県教育委員会から委譲できるかどうか照会した。これに対し、文科省は、県費負担教職員制度の趣旨・目的が損なわれない範囲において、市町村（教育委員会）が「事務処理特例制度」を活用して教職員の任免に関わることができるとした。これにより、政令指定都市以外の市町村の教育委員会が県費負担教職員の任免に携わることが可能であることが明らかとなった。その他、教職員定数の決定権、学級編成基準の決定権、さらに給与負担については、都道府県教育委員会に帰属することが再確認された（図5参照）。

「学校運営協議会」は、前述の通り、地域社会が公立学校の運営に携われるようにする目的で2004年から設置が開始されたものである。地方教育行政法によれば、「学校運営協議会」は、教育委員会が指定する学校に設置することができるとされており、教育委員会が協議会の委員を教員・地域住民・保護者・教育委員会委員等の中から任命することになっている。また、委員候補は、校長が推薦することができる。協議会では、学校人事への意見、教育課程などの重要事項の承認などができることとされ、通常月1回会議が開催されることとなっている（図6参照）。同協議会は、学校レベルにおける「四権分立」を考える上で、重要な組織の一つと考えられる。

学校運営協議会のある学校、「コミュニティ・スクール」は1,570校（平成25年4月1日現在）あり、増加傾向にある。学校設置者別でみると、4道県153市区町村の教育委員会がコミュニティ・スクールの指定を行っている。第二期「教育振興基本計画」（2013年～2017年）によれば、文科省は、全公立小・中学校の1割（約3000校）がコミュニティ・スクールになることを目指している。

さて、同協議会の設置が開始されてから9年ほど経ち、数こそ増えてはいるが、学校数は地域に大きな偏りがあり、教育委員会の意識・方針に大きく左右されていることが推測される。よって、ここでは、実際の運営上の課題についていくつかここで紹介しておきたい。

※なお、政令指定都市の教育委員会は、都道府県教育委員会に代わり教職員の任免・給与・勤務条件等に関する権限を有する。

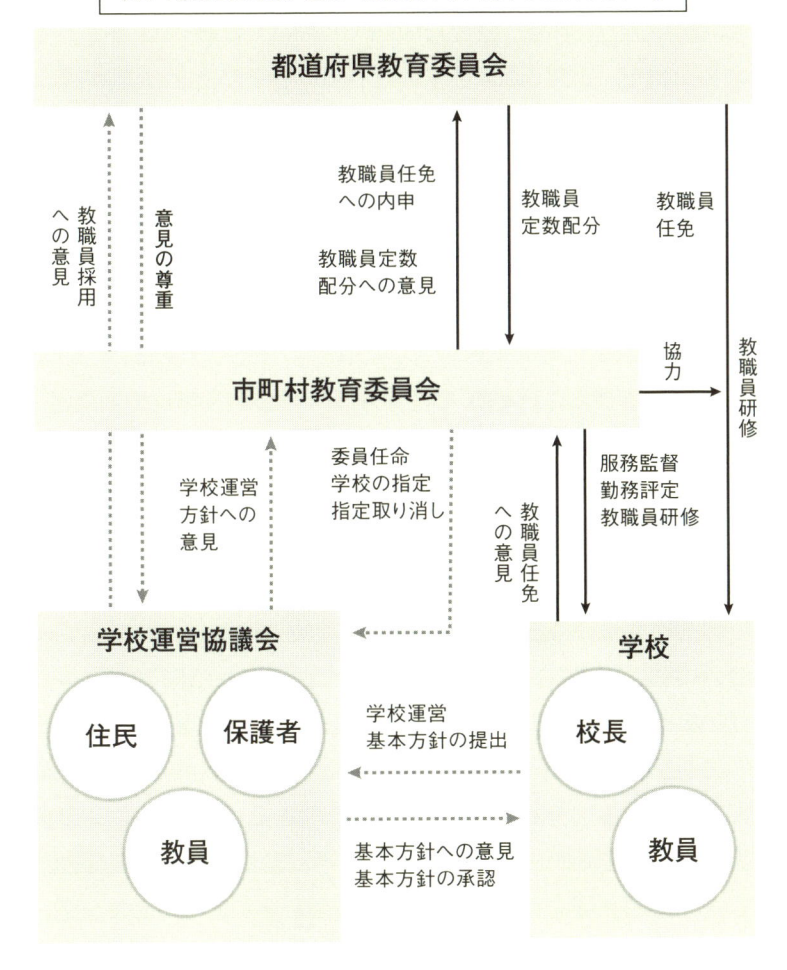

図6：学校運営協議会と他機関との関係性

① コミュニティ・スクール研究会（2008年）が実施した意識調査によれば、コミュニティ・スクールに指定された成果として、「学

校は地域に情報提供を積極的に行うようになった（96.2％）」、「地域が学校に協力的になった（87.0％）」、「教職員の意識改革が進んだ（83.8％）」、「学校が活性化した（82.1％）」などの意見が寄せられた。他方、「学校運営協議会」自身が活用できる予算がほとんどないことから、教育委員会への予算措置を求める意見が多くみられた。また、教職員人事に関し教育委員会に意見したことがあったと回答した割合は17.8％しかなかった。

② 仲田（2011a）は、全国規模のアンケート調査、さらに、4つの小学校の学校運営協議会の傍聴や女性委員等へのインタビュー調査を行っている。同調査結果によれば、a）学校運営協議会の会議が夜実施されることが多く、女性委員の参加が難しい（過小代表性）、b）地域を代表する男性委員（長）と教員との間で行われる懇親会などで事前に重要な議事について話し合うことがあり、女性委員はこのような懇親会にも参加が難しい（過小代表性）、c）たとえ会議に女性委員が参加できたとしても、発言数が男性に比べ圧倒的に少ない（非活性）などの問題が確認された。

③ 仲田の他の調査によれば、a）大部分の保護者が協議会に関心が低いこと、b）わが子が就学中であることで保護者委員の中に「人質意識」が生まれてしまい、協議会で全体方針に意見するのが困難であること、c）保護者委員自体が少なかったり、保護者委員に母親が多かったり、入れ代わりが激しく保護者内での意見の統一も図りにくいことなどが問題点として挙げられている（仲田2010、仲田2011b）。

他方、2012年に松井府知事・橋下市長体制下において成立した大阪府立学校条例・大阪市立学校活性化条例において、保護者等の学校運営への参加を促進するため、管轄下のすべての小・中・高等学校に「学校協議会」を設置することが義務付けられた。同協議会は、名称

こそ「学校運営協議会」と類似するものの、その機能について主に以下のような違いがある。
① 校長のみならず区長（大阪市内）の意見を聞いて委員を任命する。
② 協議会は、学校の運営や運営計画等に関し、「承認」ではなく「意見」することができるにとどまる。
③ 協議会は、学校関係者評価を実施できる。
④ 協議会は、指導が不適切な教員に対する講ずべき措置について校長に意見することができる。また、措置に不服があれば、教育委員会に必要措置を求められる。
⑤ 協議会は、学校の教職員の採用等について教育委員会に意見することができない（そのような規定がない）。

よって、以上のことから「学校協議会」は「学校運営協議会」より権限が限られており、2000年に設置された「学校評議員制度」（評議員は権限のない「意見」のみ校長に述べることができる）に近い制度と言える。ただし、学校の教員を評価し、指導が不適切な教員がいれば校長に意見することができ、校長も同意見を無視することは難しいと予想され、その意味では、教員を監視する点で重要な意味を持つ制度であると思われる。

以上、日本における国・地方・学校レベルにおける教育政策・内容の決定・諮問組織を紹介してきたが、「四権分立」の視点からどのような課題があるだろうか。以下の通り取りまとめてみた。
① 国レベルの教育政策の諮問組織については、文科省内の審議会（例：中教審）・文科省外の審議会（例：教育再生実行会議）、双方のタイプの審議会であっても、任命権者は、政治任命を受けた文科大臣と首相であり、政治・政党的影響を審議会が受けざるを得なくなっている。特に文科省外の審議会は、教育官僚による影響が弱い分、政治主導の色がより濃くなる。任命を受ける委員は、審議

会のタイプを問わず、教員経験者は過半数を占めることはなく少数派である。教育界外で言えば、経済界の識者が多く、「経済のための教育」という思想が反映されやすい。また、委員の職位は双方のタイプの審議会においても非常勤であり、長期的な視点から教育政策を審議することが難しい。さらに、審議会で活用される参考資料は、それぞれ、文科省・自民党の教育再生実行本部の用意する資料が量・質ともに圧倒的な影響力を持っており、非常勤である委員がこれらの資料の作成に関与する機会はごくわずかである。そして、双方のタイプの審議会は、文科省・内閣に対し、答申・報告しかできず、政策の最終決定者ではない。

② 地方レベルの教育政策決定・諮問機関（教育委員会）については、国レベル同様、政治的選任を受けた首長が任命権者であり、政治・政党的影響を受けざるを得ない。ただし、教育委員会の委員の過半数が同一政党に偏ってはならない、委員は積極的に政治的活動をしてはならない、委員に保護者を入れなければならないなど、委員の政治的中立性や保護者の参加を保障しようとしている。しかし、代表権のない教育長への実質的な権限の集中による他の委員の役割の相対的な形骸化が問題となっている。

③ このような中で、「教育再生実行会議」が第二次提言で提案する「新・教育委員会」は、教育委員会の中教審化であり、「新・教育長」の配置は、委員長の代表権を受け継ぐだけでなく、教育委員会の役割の相対的低下による、教育長の更なる権限強化を意味する。

④ 他方、大阪府・大阪市による各種条例の制定により、同府知事・市長の教育政策・教育行政・教育課程に関与する権限の強化が図られた。つまり、地方版「教育振興基本計画」を作成する主体は教育委員会ではなく首長であるとし、同基本計画の進捗状況に鑑み、教育委員会各委員の取り組みや学校の取り組みについて細かく点検・評価できるようになっており、大きな権限強化になっ

ている。校長の公募任用は、対外的には多様で有能な人材の登用や人事の公平性という意味に捉えることができるが、他方で校長人事に対する学校・保護者側の要望を組み上げるシステムが欠如している。

⑤ 国（文科大臣）は、都道府県・市町村に対し、あらゆる学校教育に関する事項に対し、「指導・助言・援助」できるとされている他、教育委員会に対しても、児童・生徒の教育を受ける機会が妨げられたり、生命身体保護の緊急性があれば、「是正の要求」や「指示」を行うことができることが、地方教育行政法に明記されている。よって、国→都道府県・市町村→教育委員会→学校、ないし、国→教育委員会→学校、という上意下達的プロセスを通じて、学校教育の内容面にまで関与することが理論的には可能である。もちろん、都道府県・市町村や教育委員会には国に対し逆方向のプロセスも保障されているが、それはあくまで「指導・助言・援助」の要請であり、「指導・助言」等の差し止め請求ではない。ましてや、学校にとっては、教育委員会に対する「意見」を伝えることはできても、教育関連の権利を侵害するような行政行為に対し差し止め請求をする権限は一切ない。

⑥ 地方教育行政法では、教育委員会から委任された教育長の権限自体は列挙されず、むしろ、除外すべき権限が列挙されている。一般的に委任列挙方式よりも委任除外方式のほうが委任の程度は高くなるとされており（大畠2011）、法解釈の過程で教育長に新たな権限が追加できる可能性が高い。

⑦ 教育委員会は、首長・議会等による教育予算案の作成段階において「意見」する権限が与えられているが、予算案の作成自体は許されていない。よって、首長は、任命権だけでなく教育予算執行権を握ることで、教育委員会を実質的にコントロールすることが可能となっている。

⑧ 学校レベルでの教育内容に関与する機関としては、「学校運営協議会」が挙げられる。「学校運営協議会」制度は、地域住民や保護者の学校運営への参画を許すものであり、学校レベルでの「四権分立」として、市民の教育への公的参加を保障するものと言えよう。しかし、実際の運営については、前述の通り、保護者（特に女性）の適切な参加・発言がもたらされていない例が散見されており、運営改善を模索する必要がある。

⑨ 「学校評議員制度」は、校長からの推薦を受けた評議員があくまでも校長に「意見」を具申できるということにとどまっており、保護者の公的参加という視点からみると不十分なものと言わざるを得ない。同様に、大阪府・大阪市の「学校協議会」も基本的に委員に「意見」することしか許しておらず、参加の形態としては不十分である。「学校協議会」が学校関係者評価を実施できるとしたり、指導が不適切な教員に対し講ずべき措置を校長に「意見」できるとしていることは一見保護者による「学校評価」を可能とすると捉えることができる。しかし、これらは、委員を学校運営に携わる同じ「参加者」として捉えておらず、学校運営の外側の「第三者」として理解している感が否めない。

では、次にコスタリカの現状について見ていくことにしよう。

Ⅳ コスタリカの現状

コスタリカは、中米に位置する小国で、国土が四国と九州を合わせた程度であり、人口も約480万人と福岡県の人口より少ない。人口の95％はスペイン系及び先住民との混血で、その他はアフリカ系と先住民等で構成されている。公用語はスペイン語、宗教は、約8割がカトリック教会、約1割がプロテスタントであり、その他ユダヤ教・イス

ラム教・仏教なども信仰されている。コスタリカの経済は、農業（コーヒー、バナナ等）、製造業（IT、医薬品）、観光業で支えられている。コスタリカ中央銀行（Banco Central de Costa Rica、以下「中銀」）によれば一人当たりGNPは9,399米ドル（2012年）であり、世界銀行により高中所得国（Upper Middle Income Country）に位置づけられている。また、小国ながら生物多様性やエコツーリズムで有名であり、欧米から毎年多くの研究者・観光客が訪れている。日本人にそれほど馴染みのないこの国について、その歴史などをさかのぼる中でもう少し紹介していくことにしよう。

　1948年、大統領選挙の結果に不正があったとし、コスタリカ国内において内戦が勃発した。6週間の内戦の後にホセ・フィゲレス・フェレール（José Figueres Ferrer）が暫定（事実上の）大統領に就任すると、翌年1949年に新しい憲法（Constitución Política）が施行された。同憲法では、常設的機関としての軍隊を廃止（第12条）し、国の警備・治安維持の役割を警察が担うこととしている。なお、同規定には、大陸間協定や国防のために再軍備することもできるとされているが、60年以上たった現在まで一度も再軍備されたことはない。

　この常備軍廃止以降、他の中南米諸国において起こった大きな内戦やクーデターなどを国内で経験することはなく、国民は概ね安定した政治・経済を享受することができた。そのことは、人間開発指数（HDI: Human Development Index）において、調査データのある1980年から2012年まで常に「高い人間開発（High Human Development）」国にカテゴリーされていることからも分かる（UNDP, 2013）。また、2006年から公開されている国民の満足度や環境への負荷などから「国の幸福度」を計る「地球幸福度指数（The Happy Planet Index）」によれば、コスタリカは、2009年に続き2012年に151か国中1位となっている（NEF, 2012）。

　他方、1986年に就任したオスカル・アリアス・サンチェス（Óscar

Arias Sánchez）大統領は、隣国ニカラグアに対し軍事・政治的に強硬政策を執ってきたアメリカと一定の距離をおきつつ、当時深刻だった中米紛争の解決のために精力的に対話外交を実施し、中米諸国間における平和合意に尽力した。このことが高く評価され、アリアス大統領は1987年にラテンアメリカの国家元首として初めてノーベル平和賞を受賞している。

　実は、池田SGI会長は1996年にコスタリカを訪問しており、この前後にかけて、アリアス元大統領（当時）、故フィゲレス元大統領の夫人であるカレン・オルセン・ベック（Karen Olsen Beck）氏、さらに、子息であり、訪問当時大統領であったホセ・マリア・フィゲレス・オルセン（José María Figueres Olsen）とも会談・交流している。

　さて、コスタリカの教育について見ていこう。1953年の大統領選挙で勝利し正式の大統領に就任したフィゲレスは「兵士よりも多くの教師を（Más Maestros que Soldados）」を合言葉に必要のなくなった軍事予算を教育予算に配分した。このような建国の精神とも呼べる発想・思想をコスタリカの国民は現在でも誇りに思っており、民主主義と教育に対する意識は他国と比べ一般的に高いと言われている。

　例えば、「国境なき記者団（RWB: Reporters Without Borders）」が公表している「世界の報道の自由度指数（World Press Freedom Index）」によれば、コスタリカは179か国中18位である（RWB, 2013）。また、イギリスのエコノミスト誌（Economist）傘下の研究所（EIU: Economist Intelligence Unit）の公表している民主主義指数(Democracy index)によれば、2012年に167か国中22位であった（EIU, 2012）。

　また、初等教育における粗就学率（Gross Enrollment Rate）は100％（2010年）を超え、前期中等教育でも100％（2010年）であり、大人の識字率も96.2％（2010年）となっており、他の中米諸国と比較し伝統的に高い（UIS, 2012）。また、中南米でユネスコ（UNESCO: United Nations Educational, Scientific and Cultural Organization）によって実施された学力テスト「ラテ

ンアメリカ教育の質の評価試験（Latin American Laboratory for Assessment of the Quality of Education）」の2008年の成績によれば、コスタリカは同地域で1位となっている（UIS, 2012）。

とは言え、コスタリカの教育制度の発展の歴史は決して平坦なものではなく、他の国々と同様に、経済不況による若者の失業率の悪化、青少年による犯罪の増加（治安問題）、中等教育における留年・中退問題（前期中等教育の留年率：1999年10%→2009年15%（UIS, 2012））、学力不足（特に数学）、教育の質の問題などに直面してきている。本稿では「四権分立」構想に関係が深いと考えられる教育制度や教育政策立案の仕組みなどについて概観し、その特徴や課題などについてまとめることとする。

まず、1949年に施行された憲法において教育に関して明記されている点についてまとめると以下の通りである。

① 就学前教育（幼児教育）、基礎教育（小・中学校に相当）、後期中等教育は義務教育とし、無償とする（第78条）
② 大学を含む学校教育の歳出は、GDP比8%を下回ってはならない（第78条）。なお、この規定は2014年から有効となる（過渡的措置）。
③ 教育の自由を保障する（第79条）。すべての私立学校は国の管理下にある（第79条）。国は私立学校の教育を振興する（第80条）。
④ 公教育に係る方針は、法律で定める最高評議会で決定される（第81条）。
⑤ 国は、少数民族の児童に食事と衣類を供与する（第82条）。
⑥ 国は、成人教育を組織・実施し、文盲を解消し、知的・社会経済的条件の向上を望む人々に文化的機会を提供する（第83条）
⑦ コスタリカ大学（Universidad de Costa Rica）及びその他の国立大学の自治権を保障する（第84条）。大統領が策定する国家開発計画（Plan Nacional de Desarrollo）に含まれる高等教育に関する国家計画を大学評議会（Consejo Universitario）が策定する。同計画に必要

な予算の案を行政府に提出でき、予算額が承認されなければ立法議会にて議論することとされている。国立大学は独自の収入源・国からの補助金だけでなく、中銀内に特別基金を設置し、大学評議会を通じて国立大学に配分できることになっている（第85条）。
⑧　教授の自由は、大学教育の根本原理である（第87条）。

　なお、2011年に憲法第78条が改正されており、それ以前は、後期中等教育は義務教育ではなく、学校教育に係る歳出はGDP比6％を下回ってはならないこととされていた。

　教育の基本的な内容・制度・組織などについて明記した法律としては、1944年に公布された教育法典（Código de Educación）がある。さらに、教育目的について定めた教育基本法（Ley Fundamental de Educación）が1957年に公布されている。同法では 教育の目的として、①基本的な権利と自由・人間の尊厳を守る義務を理解する愛国者を育成すること、②人間性を最大限に開花させること、③社会と個人の利益調和を図る民主主義的な市民を育成すること、④相互理解と団結をはぐくむこと、⑤人類の歴史・著名な文学作品・根本的な哲学思想などに関する知識を教授する中で文化的遺産を継承・発展させることが掲げられている。

　また、憲法第81条で設立が謳われていた公教育に関する方針を決定する最高評議会については、1951年に教育最高評議会設立法（Creación del Consejo Superior de Educación Pública）が成立し、「教育最高評議会（CSE：Consejo Superior de Educación、以下「評議会」）」が組織されることとなった。さらに、1953年に教育最高評議会規則（Rglamento del Consejo Superior de Educación）が制定された。1965年に成立した教育省組織法（Ley Orgánica del Ministerio de Educación Pública）の中でも教育省（MEP：Ministerio de Educación Pública）と評議会の関係について明記されている。これらの設立法・規則・組織法の内容と2012年・

2013年に著者が評議会事務局に対し行ったインタビュー調査から分かった実際の運営状況についてとりまとめると以下の通りとなる。
① 評議会の役割は、技術的観点から公教育の一般方針を決定することである。
② 評議会は、教育大臣（委員長となる）1名、教育大臣経験者のうち行政府（大統領）が任命した者を2名、大学評議会により指名されたコスタリカ大学の代表1名、中等教育校長により指名された中等教育の代表1名、地方教育事務所（DRE: Dirección Regional de Educación）所長及び初等教育を管轄する指導主事（supervisor）により指名された初等教育の代表1名、教員組合の執行部により指名された代表1名、計7名の委員で構成される。
③ 委員の任期は4年であり、再任が何回でも可能である。ただし、非常勤である。任期が4年とされているのは、大統領任期が4年であり大統領が交代するたびに教育分野を含んだ政策の4か年計画がされるため、この計画と評議会の決定する教育方針を連動させるためである。
④ 評議会は、学校建設計画、新しいタイプの学校の創設計画、公教育に係る計画、教育関連法案・教育課程案、教科書・教具・教材、教員養成・教員研修計画、評議会の予算案などに関し、認可（審議）しなければならない。なお、私立学校の設置についても審議する権限が評議会に当初与えられていたが、違憲判決を受け1992年の改正により権限より削除された。
⑤ 教育大臣は、評議会と教育省との間で調整する役割を担い、評議会のすべての合意事項が教育省で達成され、法律・規則が適用されるよう管理監督する。
⑥ 大臣経験者2名は必ずしも与党である必要はなく、これまでにも大統領が野党の大臣経験者を委員に任命したことがある。
⑦ 中等教育の代表の指名は全国の中等教育校の校長（約600名）が選

挙権・被選挙権を有し、1名の校長を選出するという方法を採っている。初等教育でも同様に、地方教育事務所所長27名・指導主事（約165名）が選挙権・被選挙権を有し、1名の代表を選出している。

⑧ 教員組合では、一番規模の大きい教師全国協会（ANDE：Asociación Nacional de Educadores）の組織内にて選挙を行われ、代表が選出されている。

⑨ 教科書・教具・教材に関する規則等を定めるため、外部コンサルタントの支援を受けた教員ないし学校によって構成される委員会を評議会が組織するとしている。ただし、どの教科書・教材などを選択するかは、学校や教員に決定が委ねられている。

⑩ 会議の回数は、月に少なくとも5回開催され、開催時間は通常午後4時～8時となっており、非常勤である委員の主たる職務に配慮した形となっている。

⑪ 評議会の決議は多数決を採用しており、五人以上の出席をもって評議会の開催が可能であるとされる。

⑫ 評議会の委員のうち教育大臣と教育大臣経験者以外の委員にはそれぞれ代理委員を準備（任命）する必要があり、代理委員は委員が出席できない時に議決権を付与される。代理委員は委員が出席できるときでも評議会に参加でき、議決権はないが意見することができる。

⑬ 評議会は、下部組織として委員会を設置し特定の課題を特別に審議することができる。同委員会は全会一致できるときに一つの報告書を評議会に提出でき、もし、意見が分かれるときは別々に報告書を提出することとする。

⑭ 評議会は、事務局長を任命する。任期は2年で再任可能である。事務局長になるためには、教育省の職員であること、連続5年以上の教職経験があること、大学卒であること、評議会の業務経験者であることが要件とされている。

⑮ 事務局長は、議題の評議会委員への周知、議題に関連する情報の収集、評議会の議事録・公表文書の編集、評議会内での給与手当等の予算執行、評議会への議決権のない（意見発言権のみの）参加が求められる。

　他方、2013年に同設立法が改正され、評議会の性質・役割などに大幅な変更が図られた。2013年に実施した評議会事務局へのインタビューの内容も勘案しつつ改正後の評議会の特徴をまとめると以下の通りである。
① 評議会は技術的観点から公教育の一般方針を決定するとなっていたが、改正後、「技術的観点から」という文言が削除され、政策的・行政的・技術的、あらゆる観点から公教育の一般方針を決定する権限を有することが明記された。
② 評議会は、教育省の下部機関ではなく「憲法的性質」を有した法人組織として設立されていることが明記された。これにより、立法・司法・行政と対等な教育という分野が憲法上意義づけられたものと考えられる。また、評議会は独自の予算を保持することが保障された。
③ 評議会は、法律で、現段階では大統領の立案する4ヵ年計画「国家開発計画」に含まれる教育開発計画（Plan de Desarrollo Educativo）を立案するだけでなく教育開発の質の管理を行うことで、調和のとれた開発を行い、国のニーズや時代の要請に常に対応していくことを目指すことが明言された。しかし、実際にはまだ教育開発計画を立案はしておらず、大統領の「国家開発計画」の教育分野の計画について事後的に審議し、評議会として否決・修正の提案できるということにとどまっている。
④ 評議会は法人格と独自の予算を持つことから、教育省を通すことなく契約を直接結ぶことが可能であると明記された。しかし、全

体予算の大部分は委員の日当などに充てられており、実態調査用の予算があるものの一部分にとどまっている。
⑤ 評議会の委員の人数について変更はなかったが、初等教育の代表は就学前教育（幼児教育）と初等教育の代表であるとされ、さらに被選挙権者・選挙権者に小学校の校長が追加されている。なお、選挙の実施は各界・団体で内規に従って行うこととされた。
⑥ 各界を代表する委員は、各界の意向を評議会で反映するのではなく、あくまで「一国の教育の利益」を代表することが義務付けされた。
⑦ 教育関連法案の審議についてはかならず法律案の成立前にされなければならないと別条項において明記された。他方、教育関連法案について評議会自身が立案することも理論的にはできるものの実際にはほとんど行われていない。なお、政令については立案実績も多い。

　さて、ここで一旦、教育予算について解説しよう。教育予算に関連し、教員給与が2008年以降平均で約14％増加している。著者が2012年にサン・ホセ市内の中等教育校（colegio）4校でアンケート調査した結果によれば、教員の月給は平均で約1,400米ドル（現在の日本円で約14万円）であり、全体の平均月給約780米ドル（現在の日本円で約7万8千円、統計国勢調査国立研究所（INEC: Instituto Nacional de Estadística y Censos）2013年発表）と比べてもかなり高額となっていた。この教員給与の増額は、これまでずっと懸案になっていた年間授業日数200日を達成する交換条件として教員組合側が教育省に要求してきたものである。年間授業日数200日とは、1962年に交わされた「教育統合のための中米協定（Convenio Centroamericano para Unificación Básica de la Enseñanza）」に明記されている約束事項である。教員給与増額以降は、概ね年間授業日数200日が達成されている。
　GDP比6％以上の教育予算の確保については、1997年に憲法が改正

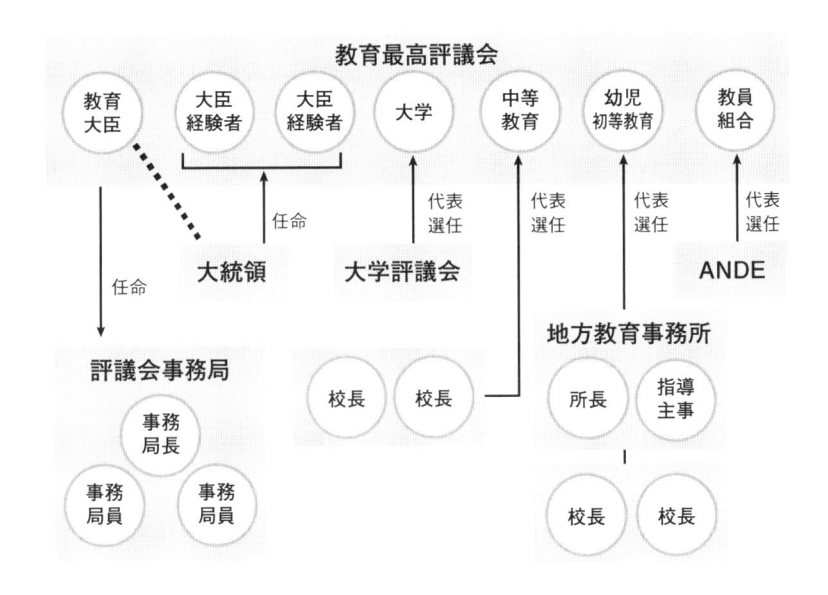

図7：教育最高評議会委員の任命システム

され、1998年以降同比率がほぼ確保されている。なお、全歳出に占める割合は、平均20％以上を保っている。今後、2014年以降GDP比8％以上の教育予算を確保するとしており、新規教員の雇用、学校インフラの整備、教員研修などに支出されることが期待されている。実際にGDP比8％が達成されるかどうか、また、その使途が当初の目的通りとなるかどうかについて注視する必要がある。

　教育最高評議会設立法の改正を加味しつつ評議会の組織について図式化したのが、図7と図8である。図7では評議会の委員・事務局長などの任命について取りまとめ、図8では評議会の権限と他の組織との関係について取りまとめた。ここでは、図8の中にある、地方教育事務所・教育審議会（Junta de Educación）・行政審議会（Junta Adminitrativa）の役割、学校を含めた各機関の関係性について、教育省組織法（1965

年)、政令「教育省地方教育事務所行政組織の設立 Esbablecer Organización Administrativa de las Direcciones Reginales de Educación (DRE) del Ministerio de Educación Pública (MEP)」(2009年)、教育・行政審議会一般規則 (Reglamento General de Juntas de Educación y Juntas Administrativas) (2003年) 等を参照しつつ、また、2013年に地方教育事務所等に対して実施したインタビューに基づいて概観していこう。

地方教育事務所とは、日本では都道府県・市町村に配置されている教育委員会に相当し、教育省の役割を地方分権し、教育省と学校との間で教育行政の調整・運営を執り行う組織とされている。教育の質と学校経営能力の向上を目指し「教育評価・指導 (supervisión educativa)」の役割を担うとされている。

地方教育事務所の主な役割と他機関との関係について取りまとめると、以下の通り。

① 教育省の地方調整技術事務局 (STCR : Secretaría Técnica de Coordinación Regional) において、毎月、教育大臣・副大臣・機関評価局長 (Director de Planificación Institucional) と地方教育事務所所長が会合を開き、教育政策 (国家開発計画の中の教育開発計画の部分) の進捗状況について協議・評価するとされている。進捗を評価する際には、機関評価局が作成した「学校評価マニュアル (Manual de Supervisión de Centros Educativos)」を活用するとされているが、同マニュアルの内容について審議がまだされており、活用には至っていない。

② 地方教育事務所は、執行部 (Dirección)、教育専門部 (Departamento de Asesoría Pedagógica)、事務財務部 (Demartamento de Servicios Administrativos y Financieros)、評価指導部 (Oficinas de Supervisión) の4つの部で構成される。執行部には、地方専門評議会 (Consejo Asesor Regional)、学校評価指導評議会 (Consejo de Supervisión de Centros Educativos)、地域参加評議会 (Consejo de Participación Comunal) が設置される。

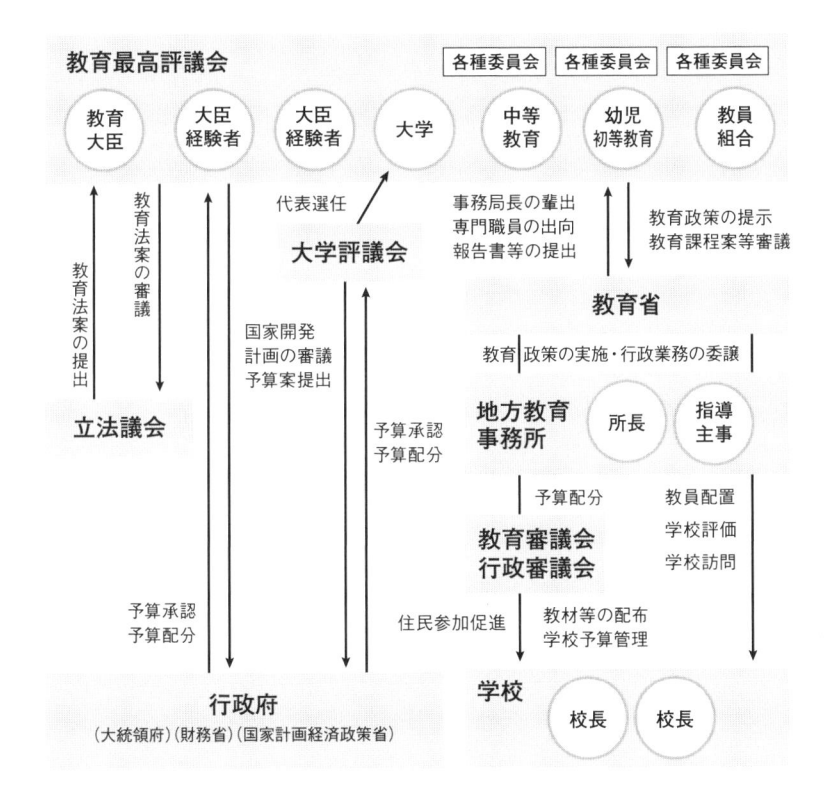

図8：教育最高評議会の組織体系と他機関との関係

③ 月1回開催される地方専門評議会には、所長、教育専門部長、事務財務部長、学校評価指導評議会の代表（指導主事）1名が参加し、地方教育事務所の業務の管理・モニタリングを実施する。地方教育事務所の年間業務計画（PAO：Plan Anual Operativo）の内容・策定を協議する。

④ 地方教育事務所は学校訪問を年間20回以上実施しなければならず、教育専門部・事務財務部の職員、担当する指導主事が参加し、学校評価マニュアルに基づいた評価指導を行っていくことと

なっている。
⑤ 月1回開催される学校評価指導評議会には、所長及び地方教育事務所に所属するすべての指導主事が参加する。同評議会では、学校評価指導の推進、学校訪問を含む学校評価指導プログラムの計画・進捗管理、学校評価指導に関する教員セミナー・フォーラムの開催などについて協議する。
⑥ 地域参加評議会は、公立・私立を問わず地域に関係のある団体組織の代表が集い、地域の教育の在り方について対話し、地方教育事務所に対し提案をもたらすために、年2回開催されると法律で規定されている。同評議会は地方教育事務所が主催することになっており、少なくとも大学・地方公共団体・教育省・組合・企業・研究機関・市民団体・先住民団体などに周知する必要がある。同評議会では、地方教育事務所より地域の教育の現状、事務所の諸計画・方針などについて説明されるとともに、地域の教育への諸団体・組織の参加を促進するプログラムやプロジェクトを立案することが期待されている。なお、地域事情に鑑み、実際の開催回数にはばらつきがある。
⑦ 事務財務部は、学校インフラ・教具などについて学校を支援したり、教育審議会・行政審議会に配分した予算のモニタリングと管理をしたり、教員人事の管理を行う。なお、教員人数・分野等についての最終権限は教育省に属するとされる。
⑧ 指導主事は、地方教育事務所の教育専門職かつ事務職であり、同事務所管轄下の市ごとに配置され、学校長の直上の上司と位置づけられている。業務としては、学校評価指導、教育課程・学校運営などに関する校長に対する助言、同学区内の学校間での実践例・グッドプラクティスの共有・交流、月1回の校長会の開催、関連事務等を担当する。なお、教員経験者のみが指導主事になることができる。なお、指導主事以外に学科主事（Asesor Escolar）

が各教科・分野ごとに任命・配置されている。指導主事・学科主事双方の配置人数は各地方教育事務所の予算規模に依る。

　次に、教育審議会・行政審議会について見ていこう。双方の審議会は学校運営を支援し学校と地域との連携を確保するために、それぞれ小学校（幼稚園）・中等教育校ごとに市によって任命される委員によって組織される法人のことである。審議会の特徴は以下の通り。

① 　教育審議会の委員の任命は、事前に小学校校長・教員と相談した地方教育事務所の指導主事が提示する候補者名簿から市が選任して行う。候補者名簿は、5つあり、それぞれの名簿から1名ずつ選ぶことになる。
② 　行政審議会の委員の任命は、中等教育校内の教員評議会(Consejo de Profesores)・生徒会執行部（Comité Ejecutivo del Gobierno Estudiantil）に事前に相談した学校長の提示する5つの候補者名簿の中から一人ずつ市が選び任命する。
③ 　双方の審議会は市の出先機関であり、契約などの法的行為を行える法人であり、固有の資産を保有することもでき、国から免税措置を受けている。ただし、審議会の活動は国の教育政策・教育省の方針に従う。
④ 　委員の任期は3年であり再任が可能である。委員には、教育省、市の職員、校長の親類等がなることはできない。委員は計5名とする。5名の委員の役職・構成は、委員長1名・副委員長1名・書記1名・通常委員2名であり、1年の任期となっている。委員は非常勤である。委員には保護者や元教員がなることが多いとされる。
⑤ 　双方の審議会の主な役割は、a）必要な教材の供給、b）学校施設の管理、c）学校給食基金の管理、d）地域住民の学校参加の促進、e）地域活動のための学校施設の使途の許可、f）学校内の

不法行為の摘発、g) 学校施設・資産を活用した経済・農業プロジェクトの開発、h) 募金・寄付活動、i) 学校・父母会等の活動への協力などとされている。

⑥ 双方の審議会とも学校の教育内容・学校運営方針に干渉することはできないとされている。

⑦ 市は委員の罷免権を保持し、業務に怠りや不正行為などがある場合に解任することができる。この罷免の事由が判明した段階で、市は地方教育事務所の担当指導主事に報告する義務があり、報告を受けた指導主事はその有無について調査を行い、1か月以内に調査を完了する必要がある。指導主事は調査後地方教育事務所所長を通し市に対し報告を行うことが義務付けられている。

⑧ 双方の審議会は月2回会議を行うとされ、会議開催には3名以上の委員の参加が求められている。決議は多数決であり、絶対的定数5名のうち半数を超える必要がある。会議には校長も出席が義務付けられ、決議権なき発言権が認められている。

⑨ 双方の審議会は、歳入を超えない歳出しかできない。歳入は、教育省からの基金・審議会独自の基金・市からの基金・寄付金などから構成される。教育省に対しては予算案を作成し地方教育事務所経由で提出する必要がある。予算案決定にあたって開催する会議には必ず校長が出席する必要がある。

⑩ 双方の審議会の予算案の金額のうち25％以上は教育省が指定する国の教育政策の優先事項に使われるようにしなければならない。また、地方教育事務所の指定する地域の教育政策の優先事項に同様に25％以上の予算を充てなければならないとされる。なお、校長は教員の承認を受けた支出計画を審議会に対し提出し予算案作成に反映を求めることになる。

⑪ 教育省は、双方の審議会に対し、省内の一般財務局教育・行政審議会統括部ないし内部監査室によって直接その業務の状況につい

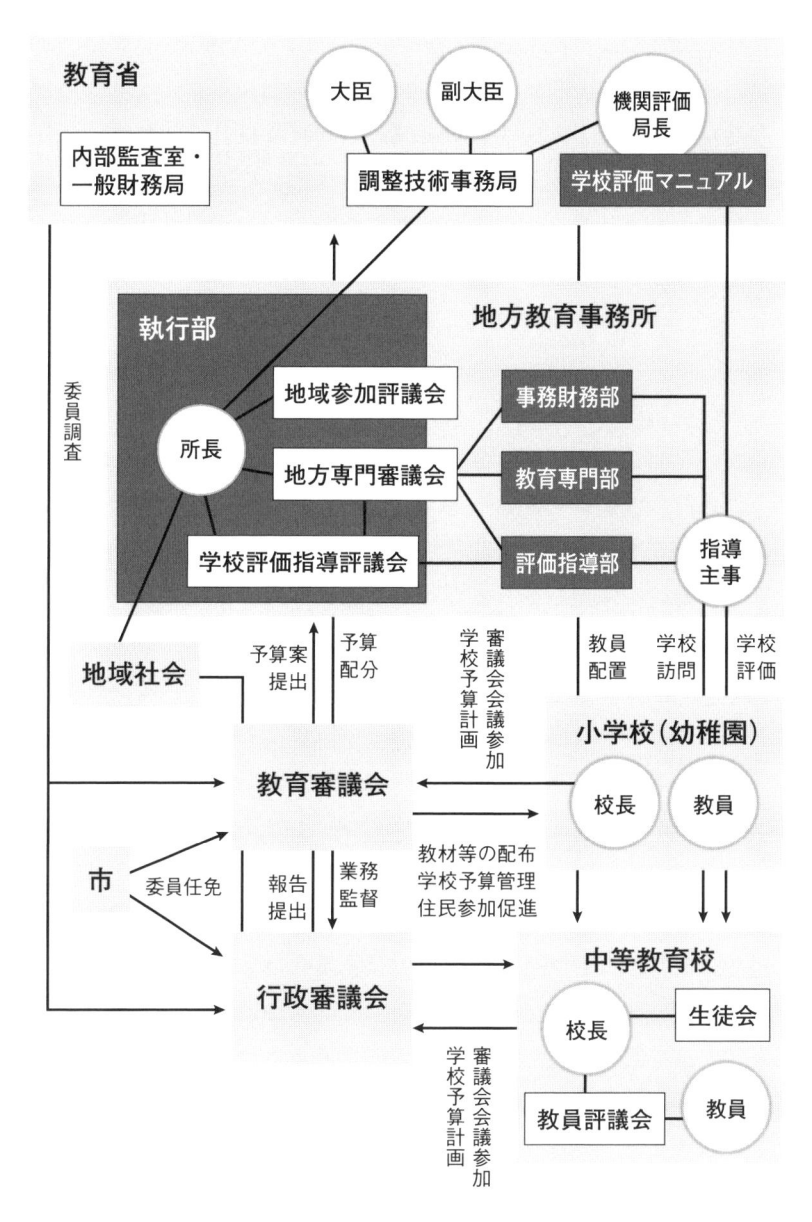

図9：教育省・地方教育事務所・教育（行政）審議会・学校間の関係

て調査することができる。

　上述の地方教育事務所・教育審議会・行政審議会・学校間の関係の詳細についてまとめると図9の通りになった。では、最後にこれまで解説してきたコスタリカの教育制度・組織の状況から「四権分立」に関連した特徴・課題についてまとめることにしよう。以下の通りとなる。

① コスタリカは大統領制であり、大統領任期の4年間は教育政策の大きな変更はない。よって、政策を実施する教育省、同政策に基づいた教育行政を担う地方教育事務所、教育審議会、行政審議会、さらに学校現場においても政治による混乱はそれほど大きくない。そもそも、政権交代があっても、今までのところイデオロギー的には中道右派・左派という違いはあるものの、いかにして中等教育校の留年・中退問題や青少年の犯罪、学力問題などを解決するかという手法の多少の違いでしかなかった。なお、日本で見られるような歴史教育・愛国心の育成などが教育上の問題として持ち上がることはない。このことも、教育政策の安定に結びついているといえよう。

② （教育最高）評議会では、政治任命である教育大臣、大臣経験者2名が参加するが、他の4名は教育界の代表者であり過半数を占める。また、大統領の4ヵ年計画である「国家開発計画」の中にある教育政策については、評議会にて審議され可否が問われることとなっており、もし、政権交代による大きな影響があっても教育界側がこれを抑えることが議決人数的に可能である。

③ 評議会には「憲法的性質」が付されているが、評議会以外にもそのような組織として、選挙最高裁判所（TSE：Tribunal Supremo de Elecciones）があり、すでにコスタリカにおいては第四の権力として認知されている。選挙最高裁判所は、選挙の公正を保つため、

選挙を運営・監視、市民登録、さらに争いがあれば調査審議する組織であり、他の三権からも独立している。今後、事例・判例などが積みあがる中で評議会を中心とした「教育権」も同様に第五権として認知される可能性もある。

④ 評議会は教育省下ではなく、しいて言えばむしろ上に位置し、教育政策、教育予算案、教育課程案（教育内容）、教科書等、教育のありとあらゆることに関する最終決定を行う機関となっている。教育省は、その決定内容に従って、教育行政を行うことになっており、役割分担が明確になっている。評議会は独自の予算にて運営されていることも、独立性を高めているといえよう。ただし、予算規模についてはより自由度・独立性を高めるために増額が必要となろう。

⑤ 評議会委員の教育各界の代表について国（大統領・教育大臣）は任命権を持っていない。よって、評議会に参加する教育大臣は評議会の中では委員長として評議会をリードしつつ教育各界の意見を集約し、配慮した教育政策の立案等に努力する必要がある。また、教育省に戻れば、教育政策などを計画通りに実施できるように教育行政を監理監督する義務も負っており、高度な運営・交渉・管理能力が求められることになる。

⑥ 評議会の事務を担当する事務局長は、評議会で使用される資料・報告書等の準備を教育省職員とともに進めることになっており、教育省側の影響を評議会は避けることは不可能であるが、評議会に参加する各界の代表は教育の実践者・専門家であり、審議の過程でもし問題があれば比較的容易に指摘することができるだろう。

⑦ 「学校評価マニュアル」に基づく学校評価は教育省→地方教育事務所→学校という上意下達の教育行政の一例であると言え、学校運営・内容にまたがった学校管理の強化と言える。しかし、その内容については現在審議中である。

⑧ 「地域参加評議会」の開催を通じて地方教育事務所が地域社会の意見を学校教育に反映することを目指している。地方教育事務所には日本の教育委員会のように地域住民を委員として迎え入れる機会が想定されていないので、コスタリカにとっては、貴重なシステムであると言えるが、一過性の強い評議会であり、地域社会との密接な関係強化には不十分さが残る。

⑨ 地方教育事務所では、現場の教育行政・教育内容についてはなるべく自主性を持たせつつも、事務財務部が教育・行政審議会を、指導主事（教育専門・評価指導部）が学校を、管轄・指導する部署・職員として機能しており、役割分担がある程度明確となっている。

⑩ 市は、教育・行政審議会の委員の任免権を有しているが、地方教育事務所の指導主事や中等教育学校長が提示した候補者名簿に基づく必要があり、一定の抑制と均衡が保たれている。教育・行政審議会の財政面については、一部、市から基金を受け取ることもあるが、教育省予算の占める割合が大きく、影響力は限定されている。

⑪ 教育・行政審議会と学校の関係は、財務と教育内容という明確な役割分担が図られており、学校長の学校予算の濫用や審議会側による教育内容への干渉が図れないように制度的に保障されている。ただし、地域社会の教育参加については、学校活動への住民・保護者の参加を促すという意味では、教育・行政審議会と学校が協同して臨むこととされている。

⑫ 学校側からの教育地方事務所や教育省への何らかの要請・提案等について明確な形では関連法に明記されていない。よって、教育最高評議会に対しては、初等中等教育の代表の選挙によって、教育省・地方教育事務所に対しては、教育・行政審議会を通じて出される学校予算案によって、学校側の意思表示を行うことに限定

される可能性がある。

　以上、「四権分立」を考える上で重要となる日本とコスタリカの教育制度の現状と課題について概観してきた。これらの課題を解消するような「四権分立」の制度をそれぞれの国に導入すると仮定したとき、どのような制度が考えられるであろうか。一私案ではあるが、池田SGI会長・牧口初代会長の「四権分立」構想の精神に鑑み、両国の教育制度について提案を試みたい。

IV　日本とコスタリカにおける四権分立（私案）

　日本での「四権分立」の実現を考える上で、一番のキーとなる組織は学校運営協議会である。学校運営協議会は、保護者・地域住民等が学校運営・教育内容について協議することのできる制度であり、学校の民主的な運営を可能にするものと思われる。しかし、前述したように、学校運営協議会の実際の運営は、うまくいっていないケースも多く、特に保護者（主に女性）の参加をどのように促進するかが最も重要な課題となるだろう。また、学校運営協議会独自の予算が確保できるように文科省・教育委員会・学校の間で負担をどこに置くかを考える必要がある。さらに、現在は教育委員会が委員を任命することになっているが、将来的には学校にすべて任してもよいのではないだろうか。

　また、学校運営協議会には、何らかの形で生徒会代表など児童・生徒が参加できるようにするのが妥当である。まだ子どもだからと言って自分の意見がないとか、判断できないなどと思うのはもってのほかであり、学校は根本的には児童・生徒のためのものであることを忘れてはならない。地域レベル・国レベルでも同様に児童・生徒・学生の

参加を考える必要があるが、その場合は内容の高度さに見合った教育レベル・学年での選任が必要となろう。また、日本では学生組織が乏しく、地域レベル・国レベルでの選任に困難を伴う可能性もあり、今後の議論の待たれるところでもある。

次に、地域レベルの「四権分立」を担いうる組織としての教育委員会について言及しよう。現在の教育委員会の委員は首長による政治任命を受けざるを得ない。よって、政治的影響を防ぐことは不可能である。とは言え、過去にあった教育委員の公選制をそのまま復活したのでは、低投票率などが問題となるだろう。

一番の問題は、日本国民の教育に対する意識改革であり、そのためには常日頃から学校や教育というものに親近感・関心を持ち、積極的に「参加」できるようにすることが最も重要であり、よって、学校運営協議会の活動がいかに活発になるかが大切であると思われる。もし学校運営協議会などを通じて、活発に活動する地域住民・保護者が増えてくるようであれば、教育委員会の委員の何人かは学校運営協議会で活動する地域住民・保護者による互選で選ぶことが考えられるだろう。なお、「教育再生実行会議」の第二次提言でも、「新・教育委員会」の委員には、保護者やコミュニティ・スクールの関係者（委員）などの任命について言及されている（図4）。また、コスタリカの教育最高評議会の教育界からの代表のように、学校長による互選を行って教育委員会の委員の一定人数を選任するのが妥当である。教育予算についてはどうだろうか、特に自治体が保持・運営する教育予算に関しても教育委員会に権限移譲し予算案の議会への提出なども直接行えるようにすべきだろう。

もう一つ問題なのは、教育長の扱いである。教育再生実行会議の教育委員会の改革案では、教育長の権限強化と首長による教育長を通じた教育行政の監理・監督を想定しているようであるが、「四権分立」の視点で教育委員会の効果的な運営を考えれば真逆の結論が導かれ

る。つまり、教育長をコスタリカの教育最高評議会の事務局長のように、「議決権なき意見発言者」にする必要がある（この際、教育長を事務局長などに改名し、委員長との混同を防ぐ必要がある）。なぜなら、教育委員会の委員の多くに教育に何らかの形で取り組む経験者・活動家を任用できるように制度を改革することとセットで考えるからである。教育委員会に２名の代表はいらない。この発想は、著者も教育再生実行委員会・橋下市長と変わらないが、権限・能力強化すべきは合議体としての委員会と所属する委員自身であり、教育長ではない。

　日本の国レベルでは、前述の通り、文科省内の審議会・文科省外の臨時審議会双方の任命権者が首相や文科大臣であり、このままでは政治的影響を避けること・抑えることは不可能である。また、委員に占める教員経験者の数が少ないのでは、実際に課題・問題に直面している教育現場に本当に必要となる教育政策を立案することは難しい。そこで、コスタリカの教育最高評議会のような組織として、池田SGI会長が提案している「教育センター」を設置することが妥当と考える。

　この際、誰を委員に入れるかは一考の余地がある。政治任命をする者・された者（首相・文科大臣）等を入れるのであれば、コスタリカの例のように過半数にならないように配慮する必要がある。また、委員の一定の人数は教員経験者とすべきだろう。他の分野の委員（企業・研究者など）は、教育に多様性を求めるという意味では重要であるが、少数派となるよう配慮する必要がある。

　また、地域住民・保護者・学生（大学など）の代表を入れることも考える必要がある。ただし、どのような選任方法がよいだろうか。学校レベルにおいて学校運営協議会に参加する保護者の活動が活発になるのであれば、例えば全国での活動報告大会などが盛んに開催されるようになれば、代表となりうる候補者が出てくるだろう。選出に当たっては、例えば各学校運営協議会に１票を与え、全国投票することも考えられる。もちろん、教育委員会委員が前述のような教育経験

者・活動家であれば、各教育委員会に1票を与えることもできるだろう。いずれにしても、学校レベル・地域レベルでの教育への市民参加が活発にならなければ、象牙の塔となりかねないことに注意が必要である。

　以上述べてきた通り、日本における「四権分立」の実現を考える時、日本国民（地域住民・保護者）の教育への公的参加をまず学校レベルで促進し、次に教育委員会の委員として学校レベルでの教育経験者・活動家を選任し、教育委員会の活動を活発にする。そして、そのような教育風土・伝統が整う中ではじめて国レベルでの「教育センター」の設立の意義が見いだせるだろう（図10参照）。

　もちろん、国・地域・学校の3つのレベルでの「四権分立」を同時に進めることもできよう。同時に取り組む中で、3つのレベルでの教育風土・伝統が育つかもしれない。ただ、日本では、公教育のみならず、いわゆる「まつりごと」が古くから上意下達でなされてきたことに鑑み、逆方向からのボトムアップ型の改革を目指すべきではないだろうか。日本の「お上頼み」の精神風土を変革し、民主主義で一番大切とされるべき「当事者意識」を育てるべきである。「四権分立」の課題は、まさにこういった内実、日本人の精神風土を問う問題でもあると著者は考えている。

　教育委員会と学校との関係を考えるとき、「指導主事」の役割は重要である。もちろん、戦前の視学官のような役割が指導主事に期待されているわけではない。また、コスタリカのケースとは異なり、指導主事は校長の上司でもなく、小さい市町村においては配置さえされていない地域が多い（佐々木2011）。「指導主事」を中心とした教職経験のある教育委員会の職員が、授業研究の促進だけでなく、学校間の連携や学校運営委員会の活動支援などが行えるように、事務的多忙さから解放できるように配慮する必要があろう。

　また、学校内についてはどうだろうか。今日、いじめ、不登校、学

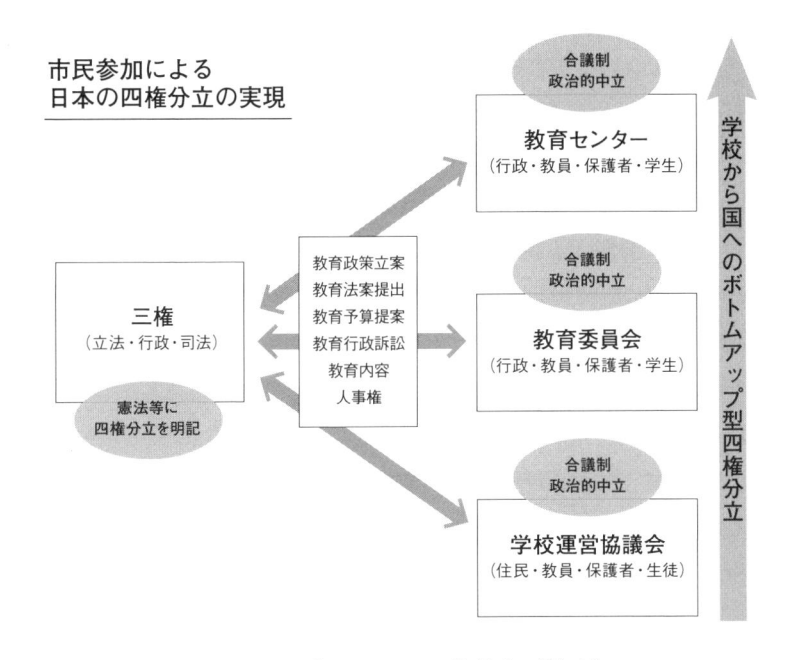

図10：日本における四権分立（私案）

（図中テキスト）
市民参加による日本の四権分立の実現
三権（立法・行政・司法）
憲法等に四権分立を明記
教育政策立案／教育法案提出／教育予算提案／教育行政訴訟／教育内容／人事権
合議制 政治的中立
教育センター（行政・教員・保護者・学生）
教育委員会（行政・教員・保護者・学生）
学校運営協議会（住民・教員・保護者・生徒）
学校から国へのボトムアップ型四権分立

力問題などへの対応を求められるだけでなく、周知の通り学校で働く教員は純粋な教育活動に専念することが非常に難しくなっている。国の教育予算が一時的に時の政権により増えることもあるが長期的には漸減している中、各自治体・教育委員会で非常勤講師などの追加配備などで学校を支えようとする取り組みもあるが、現状の劇的な改善には結びついていない。また、自治体間での予算格差があり、小さい市町村の学校の教員が研究活動などに使える予算はあまりにも少ない。学校は、時間・予算・人材不足の三重苦に苦しんでいる。

　このような中で、結果だけを問う文科省→教育委員会→学校、自治体→教育委員会→学校というトップダウン型の学校評価のみを強調するのでは、益々教員の自由な教育活動を阻害し、むしろ教育成果が上げられなくなるのではなかろうか。教員は、問われる基準に対応した

成果だけしか達成しようとしなくなるのではなかろうか。刻々と変化する現代社会において、真に子どもの幸福を追求するのであれば、勇気をもって地域・学校・保護者に教育活動を最大限託すべきである。

次に、コスタリカでの「四権分立」の姿を検討しよう。国レベルにおいては60年以上の歴史を持つ民主的な合議体である教育最高評議会が存在し、2013年には設立法改正によって権限強化も図られた。コスタリカにおいては、この評議会による教育政策立案などの経験をさらに深めつつも、委員の構成について再考してはどうだろうか。現在、教育大臣経験者が2名任命されることになっているが、これを1名とし、その代り、教育界以外の知識人を任用する。任用に当たっては、一般公募により立候補者を集い選挙としてもよいし、場合によっては大臣が任命してもよいのではないだろうか。そして、これと時を同じくして、新しい委員を2名増やす。1名については地域社会・保護者の代表、もう1名については、児童・生徒・学生の代表とする。これにより、教育セクターの多様なステイクフォルダー（利害関係者）による議論が可能となろう。また、委員を2名増やすことで、相対的に政治任命者の割合を減らすという意味合いもある。

地域社会・保護者の代表選出にあたっては、現段階では、教育審議会・行政審議会で委員を務めるものの中から選出するのが最も効率的かつ有用と思われる。児童・生徒・学生の代表については、大学生の中から選出するのが現実的であろう。この場合、コスタリカにある各大学から1名ずつ代表を選び代表の互選をもって1名の委員を選ぶことが可能である。コスタリカでは日本より学生組織の活動が活発であり、かつ大学数の少なさ・国土の狭さなどから実現可能性が高い。日本でも同様の選任プロセスが考えられるが一部の学生の政治活動の愚とならないよう注意する必要があろう。

コスタリカは日本と比較すると人口としては1県〜数県程度の規模であり、地方分権といっても日本と比較しそのまま同じ制度が必要な

のかどうかは検討の余地がある。とはいえ、現在の地方教育事務所の運営は、地域社会に開かれた、住民の公的参加に基づいたものとはまだ言えない。日本では、教育行政において教育経験者への配慮が不足していることが目立ったが、コスタリカでは地域住民や保護者の参加が特に地方レベルでは不足しているように思われる。「地域参加評議会」によっても年2回しか地域社会の意見を聞く機会がなく、システムとしては不十分と言えよう。その意味では、日本の教育委員会のように保護者や地域住民が委員として参加できるようにすべきだろう。委員選任にあたっては、教育審議会や行政審議会で委員として活発に活動している者が立候補できるシステムにするとよいだろう。もちろん、地域の中等教育校において生徒会執行部などで活躍する生徒の中から代表を1名互選し、地方教育事務所の委員とするのもよいだろう。

以上のような委員を選出するにあたっては、新しい執行委員会を地方教育事務所内に設置するか、現在地方教育事務所内にある地域参加評議会を事務所の最高意思決定機関と位置づけてもよい。同委員会ないし評議会の委員の割合は国レベルの教育最高評議会の場合と同様でよいだろう。

コスタリカでは、学校での教育の質の問題、例えば校長・教員の規律の緩さや教育内容のマネジメント不足などが散見されることから、学校評価マニュアルによる学校の評価モニタリングが検討されていることは、ある意味仕方のないことかもしれない。しかし、日本での「四権分立」について検討したところでも述べたように、管理・監視を強調しすぎることは決して成果の向上には結びつかない。いかに自主性・協働性を高めるかということに重点を置くべきであろう。これが、地域住民の教育への公的参加を促進する・主張する理由である。よって、学校評価マニュアルについても、あくまで一基準を示したもので、改善への「提案」はしても、「命令」まではすべきでないと考える。つまり、地方調整技術事務局での月1回の会議は、いかにして

改善していくか、教育省も地方教育事務所も「協働」で対処する方法を審議しなければならい。同様のことは、地方教育事務所と学校との間でも言えよう。例えば、指導主事については、学校長の上司としての位置づけがあるが、これについても法律的に定義を緩め、「同格」とし、実際上の役割を管轄・指導等ではなく、校長会・研修などの「運営・協働」などに変更し、現場教員とともに授業改善や教材開発に取り組めるようにすべきであると考える。

　他方、教育・行政審議会と学校との関係については大きな改革が必要であると考える。前述の通り、教育・行政審議会と学校との間には抑制・均衡の関係があるが、このような小さな範囲において本当に必要な権力分立であろうか。むしろ、日本の学校運営協議会のように直接学校の運営について審議できる場を設けるべきではないだろうか。教育内容への不当な干渉は防がなければならないが、学校という世界に閉じこもった状態で行う教育でもいけない。その意味では、よい意味で地域住民や保護者による教育内容への貢献は必要だと考える。また、財務面についても地域住民や保護者も参加した形で校長が予算の使途について許可を得るのであれば、大きな濫用は難しいだろう。よって、本稿では、教育・行政審議会は日本の学校運営協議会のような組織に改変することを提案する。

　以上の通り、コスタリカのケースでは、国レベルで進んでいる「四権分立」的な取り組みを順々に地域レベル・学校レベルに降ろしていく、トップダウン型の「四権分立」の実現が可能であると考えられる（図11参照）。ここでいうトップダウンの意味は、トップ（国）からボトム（地域・学校）への「四権分立」の押しつけではなく、浸透のプロセスを示したにすぎない。必要となる教育制度の改革については、地域・学校レベルにおける十全な対話・周知が不可欠となる。

　日本でもコスタリカにおいても言えることだが、国レベル・地方レベル・学校レベルのレベル間、あるいは、レベル内での自由な対話・

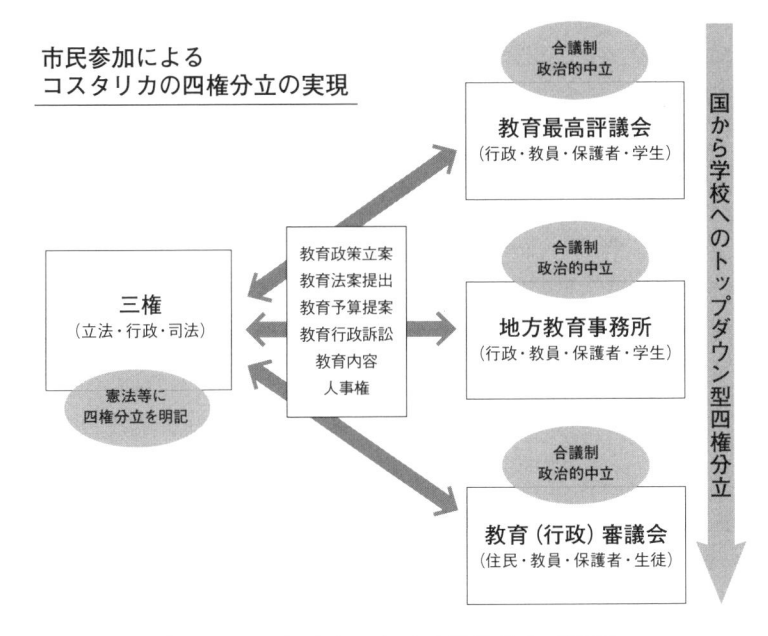

図11：コスタリカにおける四権分立（私案）

交流も重要になる。組織としての関係は「抑制・均衡」を常に意識しなければならないが、実際の運営面では、同じ教育セクターの一員として「協働」することが不可欠である。その意味でも定期的な会議の機会を設けることも重要である。これまで、両国で実施されてきている類似した会議をそのまま活用するのもよいだろう。いずれにしてもこのような会議を通じてそれぞれのレベルにおける現状を相互に理解し、教育活動・教育行政に反映させていくことが大切である。

なお、教育政策の評価は、日本では文科省の評価を総務省が行い、コスタリカでは教育省の評価を国家計画経済政策省（MIDEPLAN：Ministerio de Planificación Nacional y Política Económica）が実施することになっている。政策評価を自己評価だけでなく第三者機関（他省や外部監査など）が実施するのは、どの国でもみられるようになってい

る。「四権分立」の抑制と均衡という視点から見ると、このような政策評価を教育セクターは甘んじて受け入れるべきと考える。と同時に、外部評価はあくまで自らの取り組みを向上させるためにあり、教育セクター内での責任職の更迭や解任を伴うものであってはならない。その意味でも、まず国レベル・地域レベル・学校レベル、それぞれのレベルにおいて自己評価・点検に努力すべきであろう。この時、それぞれのレベルが他のレベルに対して責任転換をするような自己評価・点検になってしまうようならなんの価値もない。よって、あくまでそれぞれのレベルの合議体の中で、あくなき向上を目指し実施されるべきものと考える。「管理・監視」ではなく「協働・参加」の中に本当の価値は生み出されるものと信ずる。

おわりに

　本稿では、日本とコスタリカの2つの国における「四権分立」の実現可能性について検討してきた。特に、両国にある教育権・教育行政に係る組織の形態、組織間の関係性について精査したため、途中冗長な解説が多くなってしまったかもしれない。ただ、それは「四権分立」の実現可能性をなるべく精緻に検討するためでもあった。どうかご理解いただきたい。なお、本稿では教育関連裁判の取扱いやグローバル・レベルでの「四権分立」の姿について詳しく検討することができなかった。今後の課題としていきたい。

　本稿はあくまで一私案であり、池田SGI会長の「四権分立」の構想、牧口初代会長の「教権確立論」の改変をまったく意図していない。しかし、著者の未熟さから検討不足の課題を多く残しているかもしれないし、もしかしたら根本的な誤りを犯しているかもしれない。それでも、「四権分立」の研究を決意した19歳の時と変わらぬ気持ち

で、現代的な教育課題を見つめつつ、両先生の目指した教育改革のエートスを一研究者としてこれからも追究していきたいと思う。

　日本もコスタリカも教育を大切に思い、真摯に取り組んできた国である。今後、両国に芽生えた「四権分立」的現象をより意識的な取り組みへと昇華させることで、池田SGI会長の言う「教育立国」という新しいアイデンティティーを確立できることを心から願うものである。最後に、市民による教育への参加が世の中に広がることで、牧口初代会長の言う「人道的競争」や池田SGI会長の提唱する「教育のための社会」の実現に少しでも近づくことを願うものである。

参考文献

荒井文昭（2012）「教育政策形成における教育専門性と地方自治の関係をめぐる調査課題―教育政治研究の視点から―」『日本教育政策学会年報2012―子ども・家族・教育政策―』19号、pp.116-124、日本教育政策学会

池田大作（1969）「文明随想：大学改革について」『潮』7月号、pp.132-135、潮出版社

池田大作（2000）「創価学会70周年記念教育提言：教育のための社会を目指して」『輝きの明日へ68』pp.19-72、聖教新聞社

大畠菜穂子（2011）「教育委員会と教育長の権限関係―事務執行形態と指揮監督に着目した執行機関の比較分析―」『東北大学大学院教育学研究科研究年報』第60集第1号、pp.35-56、東北大学大学院

押田貴久（2012）「自治体教育改革における教育委員会の役割」『日本教育政策学会年報2012―子ども・家族・教育政策―』19号、pp.107-115、日本教育政策学会

コミュニティ・スクール研究会（2008）「コミュニティ・スクールの実態と成果に関する調査研究報告書」コミュニティ・スクール研究会

佐々木幸寿（2011）「地方教育行政組織における組織運営―指導主事の機能と教育委員会事務局の組織条件―」『日本教育政策学会年報2011―教育と政治の関係再考―』18号、pp.122-135、日本教育政策学会

戸田浩史（2012）「見直し迫られる民主党マニフェストの教育施策」『立法と調査』2012.1、No.324、pp.63-72、参議院事務局企画調整室

中嶋哲彦（2013）「大阪府・市における新自由主義的・権威主義的教育政策」『日本教育政策学会年報2013―転機にある教育政策―』20号、pp.112-120、日本教育政策学会

仲田康一（2010）「学校運営協議会における「無言委員」の所在―学校参加と学校をめぐるミクロ社会関係―」『日本教育経営学会紀要』52号、pp.96-110、日本教育経営学会

仲田康一（2011a）「学校運営協議会におけるジェンダーの諸相」『日本教育政策学会年報2011―教育と政治の関係再考―』18号、pp.166-180、日本教育政策学会

仲田康一（2011b）「学校運営協議会による保護者啓発の論理と帰結」『教育学研究』第78巻4

号、pp.116-128、日本教育学会
堀和郎（2001）「地方政治、地方自治と教育委員会」『地方分権と教育委員会3：開かれた教育委員会と学校の自律性』堀内孜編、pp.2-35、ぎょうせい
牧口常三郎（1972〔原著1930〕）『創価教育学体系Ⅰ』聖教新聞社
牧口常三郎（1979〔原著1932〕）『創価教育学体系Ⅲ』聖教新聞社
武者一弘（2013）「課題研究「構造改革下の自治体教育政策をめぐる動向」のまとめ」『日本教育政策学会年報2013―転機にある教育政策―』20号、pp.121-125、日本教育政策学会
山崎洋介（2010）「少人数学級制の財源問題を考える―義務教育費国庫負担制度における総額裁量制の運用実態」『季刊教育法』166号、pp.10-25、エイデル研究所
Economist Intelligence Unit (EIU). 2012. Democracy index 2012: Democracy at a Standstill. London: EIU.
Hiroki Ishizaka. 2011. Introducción de Estudio de Política Educativa para Analizar Casos Concretos –Tomando un Rumbo hacia el Equilibrio entre el Poder Educativo y el Derecho a la Educación-. San José, Costa Rica: Litografía e Imprenta LIL, S.A.
New Economics Foundation (NEF). 2012. The Happy Planet Index: 2012 Report –A Global Index of Sustainable Well-being-. London: NEF.
Reporters Without Borders (RWB). 2013. World Press Freedom Index 2013. Paris: RWB.
United Nations Development Programme (UNDP). 2013. Human Development Report 2013, the Rise of the South: Human Progress in a Diverse World. New York: UNDP.
United Nations Educational, Scientific and Cultural Organization (UNESCO), Institute for Statistics (UIS). 2012. Global Education Digest 2012: Opportunities lost: the Impact of Grade Repetition and Early School Leaving. Quebec, Canada: UIS.

論文 004

返還前の沖縄の教育税制度研究
― 「教育の自主性」のための教育委員会制度と予算編成権 ―

横山 光子
YOKOYAMA, Mitsuko

ここでは、四権分立を具体的に検討する際に
大きな論点となると考えられる教育財政の独立について、
米軍統治下の沖縄における教育税 (school tax) の
制度研究を通じて考察する。

はじめに

　返還前の沖縄における教育税制度は、教育目的税として教育費の財源をどのように確保する制度であったのだろうか。また、返還前の沖縄の教育委員会制度とその予算編成に関わる住民参加の法的ルート[1]は、教育の自主性を財政的に確立し、教育財政の独立を可能にする制度であったのだろうか。

　ここで述べる教育の自主性とは、教育が政治的動向の影響を受けないで、教育の自立を保障するという制度論的な次元で捉えるものである[2]。

　教育に政治的動向の影響が強く出るのは、国政による政権交代、地方の首長や市町村長の交代、教育政策の変更等であり、それによって直接的に影響を受けるのは財政面である。教育の自主性の保障は、教育費の財源確保とそのための予算編成にかかっている[3]。

　我が国において、戦後日本の教育改革の中で、教育基本法の制定に尽力した田中耕太郎は、予算について、「予算案が大蔵省当局との事務的な交渉によって作られ、最後の段階では大臣相互の間の政治的折衝によってきまることになっている[4]」としていた。田中が述べたことは、戦後に義務教育費国庫負担制度が、制定される過程の中で戦前義務教育費国庫負担制度の半額国庫負担の形になった経緯からも、「政治的に妥協が進められる中で誕生した[5]」ということができる。また、2005年に義務教育費国庫負担制度が、中央教育審議会の2分の1負担を維持するという答申があったにもかかわらず[6]、税源移譲と総額裁量制を伴った三位一体改革の中で国の負担が3分の1になったことは、政治的な妥協の中で制度化されたといえる[7]。

　そのような日本の状況の中で、沖縄は、太平洋戦争末期の悲惨な沖縄戦後、返還までの27年間、米軍による直接統治下に置かれ、日本本土と切り離されて、まったく異なった戦後の歴史を歩んだ。特に、教育財政制度史においては、教育税制度や中央教育委員会制度のよう

な、日本では、これまであまり認識されてこなかった事実がある。そしてその中で、旧教育基本法とよく似た教育基本法や教育税の賦課徴収について規定されている教育委員会法を含む、教育四法と呼ばれる教育法規が存在し、独自の教育行財政制度が確立していた。

その教育四法の一つである教育委員会法によって、市町村と行政区を同一にする地方教育区に教育委員会（区委員会）が設置されることになり、地方教育区をいくつか組織化した連合区には、連合教育区教育委員会（連合区委員会）が設置された。

さらに、米軍政府の相談役として占領政策を遂行するための住民による自治組織であった各群島政府を統合して1952年2月29日に琉球政府が設立され、琉球政府の会計検査院や人事委員会と並ぶ各種行政委員会の一つとして、中央教育委員会（中央委員会）が設置された。

また、文部科学省のような教育行政の最高執行機関としては、文教局が設置されていたが、文教局長は、中央教育委員会の執行責任者としての役割も果たしていた。

この中央教育委員会は、返還前の沖縄の教育財政制度において、文教局の教育予算の承認や補助金の適正配分などの権限を有し、戦後日本の教育財政制度史において、特異ともいえる行政機関であった。

しかし、返還前の沖縄の状況をみれば、戦後日本との単純比較はできない。米軍の施政下に置かれ、ドル紙幣の使用やパスポートの使用等からも、沖縄が戦後に外国と化していたことは明らかである。

その上、米軍による由美子ちゃん事件や石川ジェット機墜落事件、軍用地問題に対する島ぐるみのたたかいなどに見られるような、沖縄の社会的状況は、戦後日本とは著しく異なるため、本研究では、返還前の沖縄の教育事情を、無批判に受け容れる立場ではない。

しかしながら、先にも述べた教育税制度や中央教育委員会制度のような特異な教育財政制度が、政府の「コントロールを受けない恒久的な財政」の制度か、「あくまで完全な自治機関」の制度か、というこ

とについて検討することは、政治的動向の影響や教育政策の変更等によって教育現場の混乱を回避し、意図的計画的な教育実践が安定的に行われるための教育財政制度の在り方について、新たな研究の視点を見出せる可能性をもつものだと思われる。

　本研究では、返還前の沖縄の教育税制度と教育委員会制度について、教育費における予算の編成・執行の権限が、「教育の自主性」[21]を保障する財政制度であるかということについて述べる。

1. 研究の課題と目的

　教育税は、戦後日本では、教育刷新委員会において審議されたこと[22]がある。それは、米国教育使節団の報告書を受けて、教育改革を進めるための議論の過程でなされた。1946年3月に来日した第一次米国教育使節団報告書によれば、教育行政の民主化のために、地方分権が原則であること、市町村や都道府県の住民を教育行政に参画させること[23]が勧告されている。また、1950年9月に来日した第二次米国教育使節団報告書でも、教育区の原理や公選制教育委員会、教育税について勧告されている。[25]

　しかし、戦後の地方財政の行き詰まりから、地方の教育費から義務教育費を捻出することは「非常に困難」[26]であるとして、教員給与費の全額国庫負担が期待された。

　戦後にＣＩＥ（連合国軍総司令部民間情報教育局）の教育担当官を任された内藤誉三郎は、地方財政の負担を解決するために、全額国庫負担では、地方の教育に対する熱意が失われることを懸念していた。[27]戦後の学制改革における校舎の建築工事費は、国家財政が予算において弾力性に富んでいるものの、画一的で一定の限界があり、各地の住民の熱意を予算に反映させるためには、地方財政のほうが、遥かに弾力性がある[28]として、予算に民意を反映させる財政制度を模索していた。

　また、教育は、地方公共団体の事務であり、地方住民の熱意と協力

によって運営されるものであり、教育費の全額国庫負担によって、地方の特殊性と教育に対する熱意を予算に反映させる方途が失われることは、地方分権の方向と逆行するとし、「教育行政の地方分権は、教育財政の地方分権(29)」を伴うことで確立されることを示唆していた。

しかし、教育税については、負担の公平性から住民税では不適当であり、金額も大きいために弊害が大きいとしている。また、所得税などでは、景気の変動に左右されて税金収入に差異が生じ、国内の税制体系も整備されていない状況では、国民の負担均衡が図れないとして、実現困難であるとしていた。(30)しかも、PTAの寄付金程度しか教育税による徴収は期待できないという見解も示していた。

後に、内藤は、教育税制度の創設は、教育行政の自主性を保障するために教育財政の確立は目下の急務である(31)としたが、教育委員会の発足当初は、地方の財政事情から教育税の創設には消極的であったことが伺える。

1946年12月の教育刷新委員会第1回建議を受けて、文部省も立法の原案に着手し、その中に教育税の創設も盛り込まれた。(32)

ところが、教育委員会制度の法案を含んだ原案は何度も修正せざるを得なくなり、国会においては、紛議に至り、修正を余儀なくされた。(33)「実現は困難を極めた」(34)教育税制度構想の詳細については明らかではないが、1948年に制定された教育委員会法(35)に、教育税に関しての規定はない。教育税制度の創設は、教育刷新委員会の発議当初から困難な状況であった。

また、中央教育委員会構想についても、1946年12月27日の第17回教育刷新委員会会議において、審議されている。文部大臣の諮問機関として中央教育委員会が重要問題の審議を行い、中央教育委員会を通して文部大臣が仕事するという構想であった。(36)しかし、この中央教育行政機構は、都道府県や市町村との関係性、地方教育委員会との関係性が不明確であった。

戦後の教育行政を形づくったとされ、東京大学教授だった宗像誠也は、中央教育行政の独立性を重要視し、教育行政の民主化を構想していた。文部大臣制にとって代わるものとしてではないが、文部大臣に対する「強力な諮問機関たるべきものであり、そしてその委員のなかには、地方の教育委員会から選ばれた選挙人によって選挙されたものも入るというふうに、民主的な足をもったもの」として、中央教育委員会の構成員の選出にまで言及していた。

　このような文部大臣の諮問機関としての中央教育委員会の設置は、1948年の教育委員会法の制定までに、「連合国軍総司令部や教育刷新委員会の意向、総司令部内における民間情報教育局（ＣＩＥ）と民政局（ＧＳ）との意見の食い違い、あるいは国会の意見、文部省としての主張」が交錯して、遂に実現されなかった。

以上のように、戦後日本の教育税の創設や中央教育委員会構想の経緯からも、返還前の沖縄において、教育税や中央教育委員会が実際に制度として運用されていたという事実は特異である。

　本研究では、戦後の歴史的背景が異なる沖縄と日本を単純に比較することは避けたいが、戦後日本において制度の創設が期待されながらも、終戦直後の混乱によって「一般の無関心、無理解、民主的な考えの未熟」の為に、公選制教育委員会制度の理念が浸透せず、教育税の創設も断念せざるを得なかった事実は、戦後における民主主義の高揚の苦い経験として、しまい込んで置くべきものではない。「教育の自主性」や民意の反映という観点から、教育税の制度研究をすることは、教育と財政、予算と財源という教育財政制度の根幹に関わる重要な要素を含んでいるのである。教育には費用がかかり、質の高い教育を追求するならば、そのための予算が必要である。そして、政治的な動向の中で、政策や予算措置の変更によって、教育現場が強い影響を受けている教育財政の現状から、教育予算の編成や執行に関わる権限の所在に課題があることが見えてくる。そのため、返還前の沖縄と戦

後日本の教育制度の経緯を比較対照させる視点は必要なのである。
　その上で、研究課題を次のようにする。第一に、返還前の沖縄の教育税制度は、政府の「コントロールを受けない恒久的な財政」システムとして、教育目的税としての教育費の財源確保を可能にし、「教育財政の地方分権」を可能にする制度であったのだろうか。第二に、中央教育委員会及び教育区教育委員会制度は、「あくまでも完全な自治機関」として、教育費の予算編成において機能していたのだろうか。中央教育委員会及び教育区教育委員会が、「あくまで完全な自治機関」であるならば、独立した自治機関として財源確保と予算編成において、どのように機能していたのであろうか。あるいは、民衆統制（popular control）[43]のような住民参加の法的ルートを備えた財政システムの一環なのであろうか。第三に、教育税制度と中央教育委員会及び教育区教育委員会制度が、「教育の自主性」を保障するための財政制度を確立させていたのだろうか。これらの研究課題を検証することを、本研究の目的とする。
　これまで、戦後日本において構想はあったものの、実際の制度として実現しなかった教育税制度は、日本本土においては関係著書も希少であり、研究がほとんど遅れていると言わざるを得ない。その意味で、本研究では、教育委員会の収入源の一つである教育税と予算編成の関係性を明らかにしたい。

2．研究の方法

　まず、返還前の沖縄の米軍と住民側の行政機構の関係性と教育行政機構を確認し、中央教育委員会と教育委員会の関係性から教育目的税としての教育税の賦課徴収を裏付ける根拠を明らかにする。
　次に、琉球政府や市町村と中央教育委員会及び教育区教育委員会の関係を検討し、教育税が、教育費の財源確保に関わる権能において機能していたシステムであるかを検証する。教育委員会の委員の選出に

ついても、中央教育委員会と教育区教育委員会において公選制や任命制がどのように採用されていたかということについて整理する。また、教育委員会の予算編成の過程において、自治機関として、住民参加の法的ルートが機能していたことについて、検討する。

そして、教育費における予算編成と執行に関わる権限が、「教育の自主性」のための教育財政制度を確立させていたことを、諸説から検証する。

I 米軍の統治政策と教育関係法

1. 米軍の軍政府機構と沖縄諮詢会

米軍は、沖縄本島中部の読谷村に上陸後、沖縄戦の戦火の消えない渦中の1945年4月1日に米国海軍軍政府を比謝に設立し、戦後処理を開始していた。[44]米国海軍軍元帥ニミッツによって米軍政府令第一号が布告されたが、その前文には、「米軍占領下の南西諸島及び近隣居住民に告ぐ」と題して、日本との戦争事由や南西諸島の占領目的が記載されたほか、南西諸島のすべての行政権と司法権を停止することなど、9項目の占領政策の具体的な内容が明示され、沖縄は米軍の統治下に置かれることになった。[45]

米国海軍政府には、軍政府長官、軍政府副長官の下に総務部、経済部、衛生部、保安部、司法部、文教部の各部が置かれた。[46]その後、海軍から陸軍による統治体制に移行し、米国民政府、米国民政府（高等弁務官制）へと統治機構が整備されていった。[47]

戦後の沖縄の教育行政を所管する組織として米軍政府内に置かれた文教部には、1946年1月31日に山城篤男を文教部長とする沖縄文教部が設立された。これによって、米国海軍政府の監督指導は、校舎、

校具、学用品の供給に限定され、学校教育の実際の運営や人事の任免等は、文教部長が最高責任者となった。沖縄文教部は、沖縄の住民で組織され、教育課程や教材の整備、学校長をはじめとする教職員の任免や配置、文書の保管等、沖縄の教育行政は文教部の所管となったが、教育諸問題の重要問題については、米軍政府が指揮監督するという方針であった。

米国海軍政府は、占領政策を遂行するために安定的な中央統治機構の整備を早め、沖縄本島の住民代表で構成する諮問機関を設置した。

日本がポツダム宣言を受諾して無条件降伏すると、米国海軍政府は終戦を国民に報じた1945年8月15日に、全島39カ所の住民収容キャンプから代表を選び、沖縄本島中部に位置する石川で「仮沖縄人仮諮詢会」を招集した。沖縄住民124人に対し、米軍政府のムーレ大佐は、「復興の相談役」としたいと要請し、24人が沖縄諮詢会の候補者となった。そして、8月20日に15人が沖縄諮詢会委員として選出され、志喜屋孝信を委員長とする「沖縄諮詢会」が設置されることになった。

沖縄諮詢会は、1946年4月24日に沖縄民政府に移行するまでの間、米国海軍政府と住民のパイプ役として、食糧配給、公衆衛生、教育や住民の旧村への移動などの復旧事業を行い、人口調査や戸籍法の整備、市長及び市議会議員選挙などの行政基盤も整備した。

2. 琉球教育法と琉球政府の設立

沖縄本島に設置され、米国海軍政府の相談役を担った沖縄諮詢会のような住民による自治政府は、各群島にも宮古支庁、八重山支庁、奄美には臨時北部南西諸島政庁が置かれた。

その中で、八重山においては1945年12月23日に、米国海軍チュース少佐をはじめとする十数人が進駐した。12月30日には、チュース少佐は軍の指示を受けて各部長を発令し、支庁の陣容を整えて八重山

支庁を開庁した$^{(51)}$。

　このような各島の住民による自治政府が組織の改編を経て宮古群島政府、八重山群島政府、奄美群島政府となり、独自の教育行政が進められていくこととなる$^{(52)}$。そして次第に統一した中央行政機構の誕生の機運が高まっていった。

　琉球政府の設立より以前に、米国海軍政府から組織改編された米国民政府は、教育行政の関係法規の立案に着手した。マコーミック教育部長は、屋良朝苗沖縄群島政府文教部長を通じて、民側の意見を求めた。これを受けて、文教部長は、各界の意見を聴取するために、各群島、市町村、地区教育長、校長の代表者の公聴会を何度も行った。

　民側の意見としては、教育委員会の人材や組織整備、人事交流の規模、教育区数、教育税などの懸念が示された。また、法規の内容は、日本法と同一にすることや中央教育委員会の公選制なども含めて、さまざまな意見が出された。教育税については、大多数の市町村長が反対したが、戦前の教員俸給遅払いなどの苦い経験から、独立した財政権の確立には賛成であった。

　これに対し、マコーミック教育部長は、教育の民主化と地方分権を訴え、レイマン・コントロールによって官僚独善の弊害をなくすことや教育財政の独立なくして教育行政の独立は期せられないため、教育税は必要であることを力説した。

　さらに、教育内容は日本法に準じているが、沖縄の事情を考慮したこと、近い将来中央政府の設立によって、立法院において民意に沿って立法化されるまでの暫定的なものであると述べて、米国民政府側の主張で押しきる形で、1952年2月28日布令66号による「琉球教育法」を公布した$^{(53)}$。

　内容は、第一章教育基本法から始まり、第二章文教局、第三章中央教育委員会、第四章学校教育法、第五章教育区、第六章区教育委員会など全十六章で構成された$^{(54)}$。

この琉球教育法によって、全琉統一の教育委員会制度や教育税の創設などの教育行財政制度が確立したことには意義があった。もともと米国民政府が一方的に制定した経緯があるために、無理な内容である側面もあったが、後述する教育委員会制度の基礎となり得る制度設計が示されたものであった。

　布令66号「琉球教育法」の公布とほぼ同時に、同年2月29日に米国民政府布令68号「琉球政府章典」が公布され、3月2日に立法院議員選挙が行われて、同年4月1日、遂に住民待望の琉球政府が設立され、立法院、行政府、裁判所の三機関の全琉統一の行政機構が構築された(56)。

　琉球政府章典の規定によって琉球政府の最高行政責任者として、初代行政主席に比嘉秀平、初代文教局長に奥田愛正が任命された(57)。そして、先に制定された布令66号に基づいて、教育行政の行政機構が整えられていった。

3．教育法

　1952年2月に公布された米国民政府布令66号「琉球教育法」は、近い将来、民立法が制定されるまでの暫定的なものであった。各群島別々の暫定的な教育法規がこの琉球教育法の下に統合されることになった(58)。もともと米国民政府が一方的に制定したために内容も速成で、施行されると混乱が生じてきた。例えば、琉球教育法第6章区教育委員第5条には、教育区の教育委員会の教育委員には、1人の女性委員が構成員となるように選挙を行うことが規定されていたが(59)、一部の市町村に女性立候補者を得られないところも出てきたことによって、市町村長が教育委員選出に苦慮することもあり、ずさんな琉球教育法とも言われることもあった(60)。

　その後、何度も修正が加えられた琉球教育法だったが、沖縄の住民側による民立法化の胎動が徐々に表面に現れ始めていた。布令66号

「琉球教育法」に代わる民立法としての琉球政府文教局の教育四法案は、1956年1月30日の立法院臨時議会で可決されたが、米国民政府の拒否によって廃案となった。

文教局は米国民政府に強く抗議し、何度も話し合いを続けたが結局調整がつかないまま、再び米国民政府は、「暫定的」という理由で、1957年3月2日布令第165号「教育法」を公布した。[61]

新布令教育法が、琉球教育法と異なる主な点は、中央教育委員会の構成委員数が9人から7人となり、立法院の有識委員と委員の群島別割り当てがなくなったこと、高等学校連合区並びに連合委員会が廃止され、教育区の連合体である連合教育委員会に法人格を与え、連合教育委員会が普通高校を所管すること、教育長事務所が中央教育委員会所管から、連合教育委員会所管へ移管されたことなどであった。

新布令165号教育法は、旧布令66号琉球教育法に比べて、体系的に一層整い、内容的にも前進したところは評価できるとされるが、琉球の実態に合わず、またしても混乱を生じたものもあった。[62]しかも、1958年の民立法の成立によって、わずか1年で廃止となった。

いずれにしても、米国民政府主導で作成・公布されたため、沖縄住民に混乱を招いたことは否定できないが、教育区の法人格化によって、教育財政の独立が期待され、教育税の賦課や予算作成などの財政的権限も付与された区教育委員会制度が出現することになったことは、教育財政制度としては一定の評価ができる。

II　琉球政府の中央教育行政機構

1. 中央教育委員会と文教局

琉球政府の教育行政の最高議決機関として、中央教育委員会が設置

され、選挙された11人の委員で組織された。任期は4年で、給料制ではないが、職務を行うために要する費用の弁償を中央教育委員会規則に基づいて受けることができた(63)。中央教育委員会の委員は、隔年12月中に6～5人を交互に選挙することになっていた(64)。中央教育委員会の選挙に関する事務は、教育長が管理し、中央教育委員会の委員の候補者は、選挙の公示日から10日以内に、教育長に届け出なければならなかった(65)。

　中央教育委員会の職務権限は、琉球政府の設置する学校その他の教育機関を所管し、政府の教育関係事務を処理するために、①教育政策の設定、②教育課程の基準の設定、③琉球政府立の学校その他の教育機関の教育財産の取得、管理及び処分に関すること、④教育目的の基本財産、特別基本財産及び積立金穀（ママ）の管理に関すること、⑤文教局長の任免について、行政主席に推せん又は勧告すること、⑥文教局及び政府立の学校その他教育機関の職員の任命その他人事に関すること、⑦文教局の部課、附属機関及び支分部局に関すること、⑧<u>文教局長の提出する教育予算の見積を承認すること</u>、⑨教育に関する立法案を行政主席に提出すること、⑩法令に基づく規則の制定又は改廃に関すること、⑪学校が使用する教科用図書目録を編集すること、⑫政府立の学校以外の学校の設置、廃止、移転の基準を定めること、⑬社会教育に関すること、⑭教員及び児童生徒の身体検査の基準及び規則制定に関すること、⑮学校環境の衛生管理に関すること、⑯学校給食に関すること、⑰教育に関すること、⑱校長、教員、その他の教育職員の研修に関することが規定され、これ以外にも法令によって権限に属する事務を行うとされた(66)。

　そして、各地方教育区に公平に政府補助金の全割当額又は建築資金の割当額を適正に配分する責任を有した。教育補助金の交付の基準を定める場合には、児童、生徒数及び教員数と各地方教育区の財政能力などを考慮に入れなければならないとされた(67)。

また、文教局長の作成した毎会計年度教育予算の見積を承認したり、行政主席の作成した毎会計年度歳入歳出見積で教育予算の歳出見積を減額する場合には意見を求められたりした。[68]

　一方、琉球政府の行政府内の文教局は、教育行政の最高執行機関として設置された。[69]文教局長の職務は、中央教育委員会の執行者及び幹事を務め、中央教育委員会の行うすべての教育事務について助言し、推薦すること、中央教育委員会のすべての会議に出席しなければならないこと、教育分野の調査と教育の向上と発展に資する報告、勧告を中央教育委員会に対して行うこと及び中央教育委員会の求めに応じて研究調査し、結果を報告することが規定されていた。[70]

　また、文教局には、中央教育委員会の定めによって、必要な部課及び附属機関を置くことができるとされ、必要な職員は文教局長の推薦によって中央教育委員会の任命によって配置された。[71]

　中央教育委員会と文教局は、議決機関と執行機関という関係にあり、教育予算においては、中央教育委員会は文教局に対しては予算の承認を行い、行政主席に対しては、歳入歳出額が減額された場合という限定付きではあるが、行政主席から意見を求められることになっていた。換言すると、全琉球の教育行政を行う執行機関としての文教局の予算案承認の最高決定機関として、中央教育委員会が機能していたことが分かる。また、教育行政に関して、行政主席の補佐機関としての役割も果たしていた。

2．区教育委員会と連合教育委員会

　地方の教育行政機構は、教育行政を一般行政から分離独立する目的で、独立法人として教育区が設置された。[72]この教育区は、市町村の管轄区域と同一であった。

　その教育区に、教育委員会が設置され、区教育委員会といわれた。[73]区教育委員会は、5人の委員で構成され、人口10万人以上の教育区の

区教育委員会は、7人で組織され、選挙によって選出されていた公選制教育委員会制度であった。委員の任期は最長4年であるが、選挙の得票数の多い順に2年と4年の任期の委員数が規定されており、隔年の3月に行われることになっていた。委員の定数が7人の場合は、原則として4人及び3人、5人の場合は、原則として3人及び2人が隔年に交互に選挙された。選挙は、教育区の区域内で行われ、市町村の選挙管理委員会が管理することになっていた。

　区教育委員会は教育区を統括し、当該教育区の設置する学校その他の教育機関を所管するために行う事務として、①教育区の政策を設定し、所管する学校及びその他の教育機関の統轄に関すること、②<u>教育区の資金使途を決定し、その支払いについて承認すること</u>、③教育区の教職員及びその他の職員の人事に関すること、④教育財産の管理及び処分に関すること、⑤教育目的のための基本財産及び積立金の管理及び処分に関すること、⑥区教育委員会の規則の制定及び改廃に関すること、⑦<u>教育区の歳入歳出の予算編成に関すること</u>、⑧学校など教育機関の設置と管理及び廃止に関すること、⑨文教局長の認可を得て、管轄する学校の教育課程の制定及び教育内容に関すること、⑩社会教育に関すること、⑪教科用図書を採択すること、⑫教育事務のための契約に関すること、⑬教職員の研修に関すること、⑭教職員並びに児童生徒、幼児の保健、福利厚生に関すること、⑮学校の保健計画の企画実施に関すること、⑯学校の衛生管理に関すること、⑰教育機関の敷地、校舎その他の建物の営繕、保全に関すること、⑱所管学校の年間行事の認可に関すること、⑲証書及び公文書の保管に関すること、⑳学校給食に関することが定められていた。

　さらに、教育区は、教育の一層の指導と管理を図る目的で協議をして規約を定め、中央教育委員会の認可を得て、連合区を設置することができるとされた。連合区委員会の委員は、5人を下回らない数とし、区教育委員会の委員のうちから一人を選挙によって選出することに

なっていた。連合区委員会の委員の任期は、それぞれの区委員会の委員の在任期間とされた(80)。

　一般行政からの分離独立を目的として、法人化された教育委員会制度は、市町村と行政区を同じにする教育区に区教育委員会が設置され、教育区の管轄する教育機関の教育行政に関わる事務を執り行った。また、教育区の一層の教育行政の強化のために、教育区を連合させた連合教育委員会が中央教育委員会の認可によって設置させることができた。区教育委員会は、公選制教育委員会制度を採用しているが、選挙は、市町村の選挙管理委員会が管理し、連合教育委員会の委員の選出は、区教育委員会の委員のうちから選出する間接選挙制であった。

3．教育長

　教育長は、区教育委員会及び連合区教育委員会に置かれた。連合区教育委員会の教育長は、連合区を構成する教育区の区教育委員会の教育長を兼任することとされた。連合区教育委員会には、教育次長を置くことができた(81)。

　教育長及び教育次長は、連合区教育委員会が、中央教育委員会規則で定められたことに基づいて、連合区を構成する教育区の区教育委員会と協議して選任するとされた。任期は、6年以下とされ、教育次長が教育長に選任された場合でも同じであった(82)。

　教育長は、区教育委員会及び連合教育委員会の指揮監督を受けて、教育事務を所掌した。また、区教育委員会及び連合区教育委員会の行う教育事務について助言や推薦をすること、教育委員会の職員の指揮監督、区教育委員会及び連合区教育委員会の全会議への出席、中央教育委員会への必要な報告及び資料の提出が定められていた。教育長は、会議に出席しても、発言権はあっても、選挙及び議決に加わることができなかったことは興味深い(83)。

Ⅲ 民立法「教育四法」の成立と教育税制度

1. 教育四法成立までの経過

　沖縄における教育関係法規は、群島政府時代まで、教育基本法や学校教育法などのいくつかの法規を、日本の法規を準用して各群島で別々に制定公布していたが、1952年米国民政府布令66号琉球教育法の公布と琉球政府の成立によって廃止された。その後、1957年に布令165号教育法が廃止されるまでの6年間は、民立法成立までの暫定的な措置としての米国民政府による教育行政が続いた「布令教育行政時代」[84]であった。

　琉球政府文教局は、発足当初から布令教育法に代わるものとして、民立法の教育基本法、教育委員会法、学校教育法、社会教育法などの諸法案の起草に着手した。教育委員会、教育長会、教職員会などの教育関係諸団体からも強い要請があり、民立法化への世論の潮流が大きくなった。

　その中で、中央教育委員会は、法案の検討審議を続け、米国民政府との事前調整を経て、1955年9月までに、民立法教育四法案を立法院に送付した。立法院では、慎重に審議されて臨時議会においては可決となったが、米民政府の不承認によって廃案となった。(1956年1月30日) 米国民政府が承認しなかった理由は、主として中央教育委員会の公選制にあるとされた。また、教育基本法の「日本国民として」という冒頭の文言にも、相当の抵抗感を示したからであった。

　そこで、法案の内容を検討修正し、再び提出したが、米国民政府の拒否によってまたしても廃案となった (1956年4月5日)。その後に、前述したような米国民政府布令第165号「教育法」が公布されたのであった。それによって、ますます民立法化の機運が高まることになった。

　立法院は、このような状況の中で、是が非でも民立法を成立させよ

うと、米国民政府の意向を取り入れて、翌1957年9月21日に、三度目の提案を行った。全会一致で可決された法案に、行政主席署名を求める段階になって、米国民政府は社会の趨勢に抗しきれずに、承認せざるを得なかった。1958年1月7日、モーア高等弁務官の承諾を得て、ついに、同年1月10日に民立法「教育四法」が成立公布されたのである[85]。

同時に、布令165号「教育法」は廃止となった。米国民政府は、この教育四法を承認する際、通達を出していた。そこには、教育四法案の弱点について述べてあった。すなわち、琉球政府の行政権は行政主席にあり、あらゆる行政機関の管理監督は行政主席に掌握される一方、中央教育委員会が行政主席の管理監督下にないことや、学校財産の使用に関する規定が明確でないことなどを挙げ、教育四法案は渋々認めるものの、米国民政府側の苦言も呈していた[86]。

2．教育税制度

戦後、沖縄において教育のための目的税として賦課徴収された教育税は、1952年公布の琉球教育法によって制度化された。教育区及び区教育委員会の財政の自主独立を確立するために、米国方式の教育税が創設されたのである。これによって、市町村は市町村税と同様、教育税を賦課徴収し、区教育委員会会計係に納入することが定められた[87]。その後、何度も琉球教育法が部分的に改正公布されても、教育税は制度としての運用が続き、1958年制定の民立法「教育四法」の教育委員会法においても採用された。琉球教育法第5章教育区第2条には、教育税が以下の通り規定されていた[88]。

> **第5章　教育区**
>
> 　第2条　各教育区の教育委員会は毎年4月に、翌会計年度の予定教育計画の費用に対する交付金の請求を含む予算を作り交付金を請求し、6月1日以前にその予算に関し意見を聴取するために公聴会の討論会を開催しなければならない。
> 　区教育委員会は討論会において、適正予算額の勧告を受けた後文教局より交付予定の収入金額を差引いた予算額をその年の7月1日現在で全教育区にわたり租税として賦課徴収することをその市町村長に指令しなければならない。
> 　市町村長は前記の金額を徴収すること及び当該会計年度内において区教育委員会の指示する時期にその金額を教育区の会計係に納入することを監督する責任を負う。
> 　この教育税は、当該教育区内において、公平に賦課し普通の市町村税と同様な方法でこれを徴収しなければならない。教育予算の作成及び報告の様式は中央教育委員会の定める所によらなければならない。

　民立法制定後、教育委員会法第45条～48条及び51条において規定され、内容も整理された。条文は、以下の通りである。[89]

> **第二款　収入**
>
> 　（教育税）
> 第45条　教育区は、この立法の定めるところにより、教育税を賦課徴収することができる。
> 　（納税義務者）
> 第46条　教育税は、その教育区と区域を同じくする市町村の市町村税の納税義務者に対し、その年度の市町村税額を課税標準としてこれを課する。
> 　（賦課徴収の委任）
> 第47条　教育区は、第45条に規定する教育税の賦課徴収をその市町村に委任する。

> 2　市町村は、前項の委任がある場合は、教育税を徴収し、当該教育区委員会の指定する期日までに、その会計係に納入しなければならない。
> 　（準用規定）
> 第48条　教育税の賦課、徴収、督促及び滞納処分については、市町村税法（1954年立法第64号）の例による。ただし、市町村税法に基く条例については、この限りでない。
> 　（委任規定）
> 第51条　教育税の賦課、徴収、賦課期及び納期その他必要な事項は、当該市町村の条例で、これを定める。ただし、教育税の課税率は、教育区の歳入予算のうち教育税による予算額を教育区に納入できるように定めなければならない。

　このように、琉球教育法で創設された教育税制度であるが、課税については各市町村条例で定められ、課税率は、それぞれの教育区の財政状況によるというもので、全琉球で統一されているわけではなく、不安定な要素の多い租税であったといえる。

　そのことは、1959年7月7日に文教局長から区教育委員会、教育長、市町村長に対して出された「教育税の賦課について」において、税種目について助言していることがわかる。

　文教局長は、「教育税の課税率は、その年度における市町村の税額を課税標準として課する（教育委員会法第46条）[90]」ことになっているとし、「市町村の全税種目からの全税額が標準[91]」となり、「教育税の賦課及び徴収等は、それぞれの市町村の条例で定める（教育委員会法第51条）こと[92]」になっていると説明した。そして、「教育税の賦課徴収の実質的面から考えて、（略）市（町村）民税、固定資産税、事業税の三主要税目を対象として課税することが適切かつ望ましい[93]」とし、研修等において助言したい考えを示し、市民税、固定資産税、事業税の三主要税目を対象として条例で定めて課税するように要請している。

　先にも述べたように、市町村は、琉球政府設立前の沖縄諮詢会の意

見聴取においても、時期尚早として教育税の賦課には反対意見が多かった。

民立法の教育基本法が公布されても、教育税の市町村税との一本化論は留まることを知らなかった。その主なものは、①租税の負担は公平でなければならない筈であるが、教育税の賦課方法では村民税、事業税及び固定資産税に対する賦課率が市町村によって異なっている点において、負担の公平性に問題があること、②教育税法がないこと、③教育区の予算のうちほとんどは、政府補助金の紐付きであり、教育区負担は市町村税として徴収しても支障はないこと等であった。

一方、教育税を存続させたほうがよいとする立場の教育税存置論もあった。それは、①財政の独立なくして地方分権の教育委員会制度は成り立たないこと、②（市町村税との）一本化では、教育に対する市町村の発言権が強くなり、校長の社会的地位が低くなること、③1952年以来実施されている教育税は制度として充実してきているというものであった。[94]

教育税について、さまざまな見解が展開されている中、1961年3月3日沖縄市町村会会長から中央教育委員会委員長に宛てて出された要請によると、教育税は、市町村税や市民税に比べて優先しない税種目であるとし、廃止が適当であることを暗に含んだ内容であった。[95]

それに対して、同年3月9日には、沖縄教育委員会及び沖縄教育長会から「市町村会の教育税廃止に対する反対ついて」[96]が出された。その中で、教育行政権と教育財政権を分離することについて、「教育委員会から財政独立権を取り上げるとすれば、教育委員会は（略）その自主性は失われ、政治への追従を余儀なくされてしまう。ひいては、（中略）校舎建築、教員給与等の財政運営面にも重要な支障を来するようになる」

として、教育委員会の自主性を保障する上で、教育財政の独立は欠かすことのできない重要な権限であることを訴えている。[97]

また、教育予算の独立性について、組織運営や事務手続の面からも効率的にするためには、市町村税との一本化論を展開している市町村会に対して、市町村会の気持ちも理解できるとしながらも、
「教育委員会には教育委員会の制度設定の大前提である教育の自主性確立絶対条件があり、市町村長の主張通りに制度を改めると、護持されてきた（中略）この自主性は、一朝にして消え去ることになり、教育の民主化も独立性も一切合切元の黙阿弥に還元してしまうばかりである」
と、これまで築き上げてきた教育の自主性と民主化は崩れ去り、市町村会の主張は教育委員会制度の「改悪論」であると猛烈に反対している。
　このような教育税制度論が背景にある中、沖縄の教育財政は、困窮していた。教育税の賦課額が、1960年度から徐々に増え始めた。教育税は、政府による市町村交付金の増加によって見直しの動きに押され、教育区の自主財政率の低下も相まって、1965年8月19日に新交付税制度案が立法院で可決され、1966年7月1日、1967年会計年度から施行されることになったため、教育税制度は廃止された。

3．区教育委員会の予算編成と公聴会

　区教育委員会の収入として、教育税を賦課徴収することが定められ、教育税は、教育区と区域を同じくする市町村の市町村税の納税義務者に対してその年度の市町村税額を課税標準として課するとされた。また、教育区は、教育税の賦課徴収を市町村に委任し、市町村は、教育税を徴収し、区教育委員会の指定する期日までに、区教育委員会の会計係に納入しなければならないとされた。教育税の賦課徴収、及び賦課期と納期の必要な事項は、当該市町村の条例で定めるとされ、教育税の課税率は、教育区の歳入予算のうち教育税による予算額を教育区に納入できるように定めることが規定された。

区教育委員会の予算編成は、毎年会計年度歳入歳出予算を調整し、年度開始前に公聴会を開き、意見を聞かなければならなかった。この会計年度は、琉球政府の会計年度と同じで、予算を公聴会に提出するときには、区教育委員会は予算説明のための財政状態を示す説明資料を提出しなければならなかった(104)。
　そして、公聴会の意見を基に、予算の追加や更正ができるとされた。区教育委員会は、必要に応じて会計年度中の一定期間内にかかる暫定予算について公聴会を開き、その意見を聞いて予算編成することができた。この暫定予算は、会計年度の予算が成立したときは、その効力を失い、暫定予算に基づく支出又は債務の負担が生じた場合には、その支出又は債務の負担については、当該会計年度の予算に基づく支出又は債務の負担として処理された(105)。
　また、区教育委員会は、予算外の支出または予算超過の支出に充当させるために、予備費を設けることとされた(106)。
　区教育委員会は、公聴会に諮って、特別会計を設けることができ、教育区における公聴会は、当該教育区の教育委員の選挙権を有する者で構成するとされた。教育区内に居住している住民で、選挙権を有する者は公聴会に参加できるという仕組みであった。公聴会は、区教育委員会が主催し、日時及び場所を開催日の5日前までに告示しなければならないとされた(107)。
　右の図にも示されているように、各区教育委員会は、毎年4月に翌会計年度の予定教育計画の費用に対する交付金の請求を含めた予算を作り、6月1日以前には、その予算に関して、意見を聴取するための公開討論が開催された。討論会において、予算が適正であるという勧告を受けた後、文教局から交付される収入金額を差し引いた予算額をその年の7月1日現在で、区教育委員会は、全教育区に租税として教育税を賦課徴収することを市町村長に指令しなければならなかった。
　市町村長は、区教育委員会から指令を受けた金額を租税によって賦

琉球教育財政機構及びはたらき

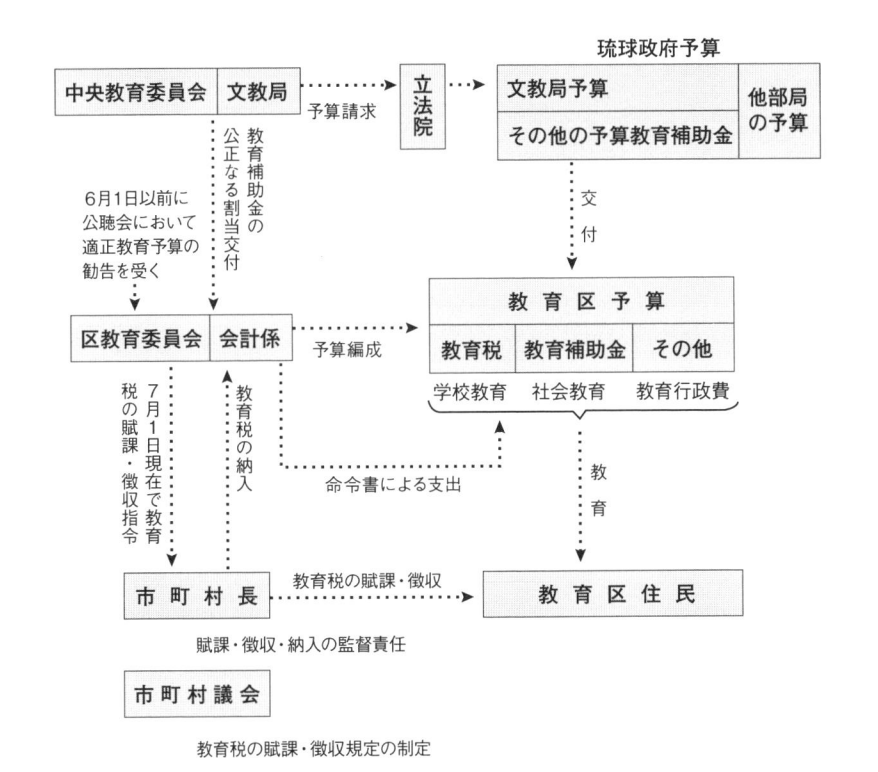

```
                                                            琉球政府予算
中央教育委員会  文教局 ·····→ 立法院 ···→  文教局予算           他部局
                     予算請求                              の予算
                                         その他の予算教育補助金
         教育補助金の公正なる割当交付
                                              ↓交付
6月1日以前に
公聴会において                                  教 育 区 予 算
適正教育予算の
勧告を受く                                   教育税 教育補助金 その他
   ↓                  予算編成              学校教育 社会教育 教育行政費
区教育委員会 会計係 ·········→
         ↑ 教育税の納入
7月1日現在で教育税の賦課・徴収指令
                  命令書による支出              ↓教育
   ↓
市 町 村 長 ──教育税の賦課・徴収──→ 教 育 区 住 民

       賦課・徴収・納入の監督責任

市 町 村 議 会

教育税の賦課・徴収規定の制定
```

多和田真重『琉球史料』第三集・教育編180ページ参照

課・徴収し、教育区の会計係に納入する監督責任を負うことが定められた。

　市町村議会は、教育区内の教育税の賦課・徴収の規定を定め、教育税を公平に賦課し、市町村税と同様な方法で徴収しなければならなかった。

137

返還前の沖縄では、区教育委員会が市町村長に教育税の賦課徴収を指令し、市町村長はそれに基づいて、教育税を賦課聴取し、区教育委員会の会計係に納めるという制度であった。また、教育区の予算について、中央教育委員会が承認し、文教局長が立法院に予算請求をすることになっていた。そして、立法院が承認した予算は、琉球政府の文教局予算の中の教育補助金として割り当てられ、教育区予算として交付された。この教育区予算は、区教育委員会は予算編成することができた。教育区予算のうち、教育税は、各区教育区の収入となっているだけではなく、予算の財源ともなっていることがわかる。このような、区教育委員会における教育予算の予算作成や教育税の賦課・徴収指令などは、教育委員会の財政的な権限であり、教育財政を一般行政から分離独立させるために機能していたといえる。

おわりに

　本研究の目的は、返還前の沖縄の教育委員会制度と教育税制度について、教育費の予算編成の権限が、「教育の自主性」のための財政制度であるかどうかを検証することであった。

　第一の検証は、返還前の沖縄の教育税制度は、政府の「コントロールを受けない恒久的な財政」システムとして、教育目的税としての教育費の財源確保を可能にし、「教育財政の地方分権」を可能にする制度であったか、否かである。返還前の沖縄は、戦後日本と切り離されて、米国軍が直接統治していた。1972年に返還されるまで、住民の代表で組織された行政組織である琉球政府内の文教局が、返還前の沖縄の教育行政の執行機関として機能していた。実際の教育行政と教育財政は、文教局長を筆頭にした琉球政府の行政委員会の一つであった中央教育委員会によって議決された。中央教育委員会は、各教育区教育委員会の予算案を承認し、文教局が立法院に請求する教育予算に反映さ

せて適正に教育補助金が区教育委員会に交付されるように監督した。

また、区教育委員会には、教育補助金以外の収入として教育税があったが、区教育委員会の予算を編成する権限として重要な働きをしていた。区教育委員会は、教育税を区教育委員会の会計係に納入することを市町村長に指令していたのである。このようにして、区教育委員会が予算編成の権限を持つことによって、市町村長の交代などによる教育政策の変更や政治的動向の変化による教育費の財政面の影響は受けにくいといえる。政府の「コントロールを受けない恒久的な財政」システムとして、予算を編成する権限は重要だったのである。

さらに、区教育委員会が予算を編成し、市町村長に教育税の賦課徴収を指令する財政的な権限は、教育行政を一般行政から独立させ、教育費の財源を確保し、「教育財政の地方分権」を可能にする財政制度であるといえる。ただし、教育税だけで教育費のすべてをまかなっていたのではなく、大半は文教局から交付される教育補助金であった点は見逃せない。

第二の検証は、中央教育委員会及び区教育委員会が「あくまで完全な自治機関」として機能し、教育費の財源確保と予算編成において、民衆統制（popular control）のような住民参加の法的ルートを備えた財政システムであったか、否かである。一般行政と同一の区域である教育区には、区教育委員会が設置されたが、区教育委員会が予算を編成するためには、公聴会を開き、予算が適正であるかどうかの意見聴取をしなければならなった。（沖縄の教育委員会法第56条）この公聴会には、選挙権を有する住民が参加することができ、意見を直接述べることができた。そして、公聴会は、法的に定められたものであり、予算編成に住民の意見を反映させることも可能であり、民衆統制（popular control）の法的ルートを備えた財政制度であったといえる。

また、教育区の教育費は、区教育委員会によって予算編成されて、一般財政からは独立していた。区教育委員会の予算を承認する機関で

あった中央教育委員会も、琉球政府の文教局が立法院に予算請求する見積もりを承認する職務権限があった。つまり、返還前の沖縄の教育財政制度は、中央教育委員会と区教育委員会が「あくまで完全な自治機関」として機能していたことによって確立していたといえる。

　第三の検証は、教育税制度と中央教育委員会及び区教育委員会制度が、「教育の自主性」のための教育財政制度として確立していたか、否かである。返還前の沖縄の教育財政制度の特異ともいえる教育税制度と中央教育委員会及び区教育委員会制度は、第一の検証で述べたように、予算の編成などのような財政的な権限があるために、政治的動向の影響を受けにくい制度であるといえる。

　そして、第二の検証でも述べた、中央教育委員会や区教育委員会の予算編成などの財政的な権限は、教育行政を計画的に行うための財源を確保することを可能にし、「教育の自主性」を保障する財政制度として、返還前の沖縄において確立していたといえる。

　教育費の問題について、歴史学者A・J・トインビーと創価大学創立者・池田SGI会長の『二十一世紀への対話』(108)において、池田SGI会長は、教育の機会均等から考えると、教育費を全面的に個人の負担にすることはできないため、国家や地方公共団体の援助が必要であることはやむを得ないと述べている。ただし、教育内容に干渉したり、または間接的にせよ教育に偏向をもたらすような施策はとられたりしてはならないとし、教育費と国家や地方公共団体などの行政機関の関係について重要な示唆を行っている。つまり、教育費の援助によって国家や地方公共団体が教育に強く影響を及ぼすことがないように、「教育の自主性」を尊重することを提唱している。

　また、トインビーが、教育機関は「あくまで完全な自治機関」として、代表からなる代議制でなければならないとし、

　「教育は社会全体が重要な関わり合いをもっている社会活動ですから、一般大衆からの代表も出すべきでしょう。このような多様な参加

者がそれぞれもつ権限によって、教育方針の作成とその実施が決定づけられることになれば、それこそ多くの議論が交わされることでしょう」と、述べていることは、返還前の沖縄の区教育委員会において、公選制によって選挙で選ばれた教育委員が区教育委員会の予算編成を行っていたことからも重要な指摘であるといえる。そして、予算編成のために住民参加の公聴会を開いて意見を聴取することは、多様な議論が交わされ、予算に住民の意見（民意）を反映させる機会となっていた。「教育の自主性」のためには、予算の編成に関わる権限と多様な意見を集めるための法的なシステムが整うことが重要であるといえる。

　しかし、返還前の沖縄の教育税制度は、教育税法が存在しないために、税率は各市町村によってバラバラであり、市町村の財政状況の悪化にともなって、教育税による収入を補うために琉球政府の教育補助金が増えていったことは先にも述べた通りである。その結果、教育費の安定的な確保のために、教育税廃止論と教育税存置論が対立し、結局教育税制度は廃止された。教育税は、区教育委員会の収入の５％程度の割合であるが、区教育委員会の予算編成や市町村長に対する教育税の賦課徴収の指令などの財政的な権限もっていた。教育税は、「教育の自主性」と教育費の財源論において、注目したい財政制度であるといえる。教育税の徴収率の詳細については、紙面の都合上、本稿では取り上げなかった。

　戦後日本において、あまり議論されることがなかった教育税ではあるが、戦後日本の教育改革を議論した教育刷新委員会での旧教育委員会法の制定過程では話題になっていた。それは、地方公共団体と教育委員会の関係についての議論からだった。その際の財政的な権限についての主な論点は、予算編成とその執行権や所得税、付加税として教育税を課すこと、教育独立会計を設けることなどであった。1948年６月の教育委員会法最終案まで、予算編成とその執行権は法案の中に入っていた。また、付加税として教育税を課すことは、1948年４月教

育刷新委員会建議の中で法案に入っていた⁽¹⁰⁹⁾。さらに、教育独立会計については、各法案の中で取り上げられ、教育委員会法最終案にも入っていた⁽¹¹⁰⁾。しかし、教育税の付加は、最終案には盛り込まれなかった⁽¹¹¹⁾。ただ、これらの事実から、予算編成とその執行権などの財政的な権限は、戦後日本の教育改革の中においても重要視されたことが分かるのである。

教育税については、本稿の「はじめに」で述べたように、教育税制度は実現が困難として旧教育委員会法には盛り込まれず、その後、戦後日本においては、教育税制度が大きく取り上げられることはなかった。

しかし、最近になって、教育目的税が話題になった。2013年4月5日の下村博文文部科学大臣の記者会見での発言である⁽¹¹²⁾。下村大臣は、教育目的税は、教育費の財源を捻出するために、文科省としても考えることが必要であるという観点で述べている。教育目的税が教育費の財源論において言及されていることは、画期的なことである。今後の議論の展開に期待したい。

内藤が、「教育費は、予算の如何によりつねに安定せず、教育について計画的に健全な発展を図ることができないのである」⁽¹¹³⁾として、「何らかの方法によって、教育費に充てるべき特定収入を確保することが今後の教育財政の課題である」⁽¹¹⁴⁾と述べているように、教育のための特定収入を教育税のような教育目的税によって得ることは、計画的な教育活動の財源を保障するだけでなく、予算編成において教育現場の要望を反映させるための法的なルートを確立させることが可能となる。政治的動向によって、常に影響を受ける教育財政は不安定で、経済的な支えが弱い。

返還前の沖縄の教育税制度や教育委員会制度のような独立した教育財政制度は、政治的動向の影響に左右されることなく、必要な予算を組むことが可能であったといえる。このことは、子供のための教育活動をより充実させたり、教員が効率的に校務を進めたり、教材教具を

計画的に揃えたりすることも可能となる。よりよい教育活動を行うためには、財政的な基盤が不可欠であり、教育委員会制度における予算編成権の所在が重要な鍵を握っているのである。

注

（1）嘉納英明『戦後沖縄教育の軌跡』那覇出版社、1999年、16ページ「返還前の沖縄における教育委員会制度について、住民における行政参加制度・ルートであると述べている。」
（2）創価大学通信教育部学会編『創立者池田大作先生の思想と哲学』第三文明社、157ページ、第7章 大﨑素史「池田先生の教育権独立の提唱」に、「第四権として教育権を独立させるためには日本国憲法を改正するしかないということになるが、それは大変な課題であり（中略）そこで、ここでは、教育の独立（自立性）の保障と政治との関係性」から制度論的な次元で論じている。162ページ
（3）小川正人『教育改革のゆくえ−国から地方へ−』ちくま新書・2010年、16ページ「教育政策の変化が、教育財政制度の改革を伴うことである。」
（4）田中耕太郎『司法権と教育権の独立』（『ジュリスト』有斐閣・昭和32年・121号所収）
（5）大田直子「義務教育費国庫負担法における『教育の機会均等』と『教育の地方自治』」（『東京大学教育学部紀要』第30巻・東京大学教育学部・1990年所収）
（6）2005年10月19日水曜日、産経新聞・朝刊、14版・2面
（7）2005年11月29日火曜日、毎日新聞・朝刊、14版・1面
（8）戦後八重山教育の歩み編集委員会編『戦後八重山教育の歩み』石垣市・竹富町・与那国町教育委員会・1982年、156ページ
157ページ参照。教育基本法、学校教育法など、日本の教育法を準用して制定された民立法の総称。米民政府によって何度も草案が不承認となったが、民立法を望む世論に抗しきれずに、米民政府はやむを得ず、承認した経緯がある。（1958年4月施行）
（9）沖縄教育委員会編『沖縄の戦後教育史（資料編）』沖縄教育委員会・1978年、1264ページ、1265ページ及び1273ページ参照。教育委員会法第2条（地方教育区及び教育委員会）、第10条（教育区の区域及び名称）、第73条（設置）に規定されている。
（10）沖縄群島政府、宮古群島政府、八重山群島政府、奄美群島政府が統合されて、中央政府として琉球政府が設立された。戦後沖縄の統治機構の変遷については、沖縄県公文書館公式サイト参照。http://www.archives.pref.okinawa.jp/press/ryukyu/05.htm
（11）琉球政府の行政府の各種委員会の中に、会計検査院や人事委員会と並ぶ行政機関として、中央教育委員会が設置されていた。沖縄県公文書館公式サイト、琉球政府組織図参照。
http://www.archives.pref.okinawa.jp/kensaku/2012/04/post-2.html
（12）戦後八重山教育の歩み編集委員会前掲書、『戦後八重山教育の歩み』、126ページ
（13）同前書、127ページ
（14）屋良朝苗編『沖縄教職員16年』労働旬報社・1968年、159ページ参照。1958年8月23日、ブース高等弁務官の正式発表後のドル切りかえで、沖縄は、米国通貨に切りかえられた。
（15）福地曠昭『教育戦後史開封』閣文社、1995年、17ページ参照。沖縄から日本に向かう場合には、米軍からパスポートの許可が下りなければ、渡航することができなかった。

(16) 屋良前掲書、68ページ参照。1955年9月、石川市の永山由美子さん（当時6歳）が、嘉手納基地の米兵に拉致され、暴行殺害された事件。沖縄県民の抗議運動も起こった。
(17) 同前書、183ページ参照。1959年6月30日、米軍ジェット戦闘機が、石川市宮森小学校に墜落炎上した事件。死亡17名、負傷者210名の犠牲者を出した。付近の民家30軒あまりが全焼、または半壊した。
(18) 同前、118ページ、130ページ参照。1953年4月米軍政府による「土地収用令」が公布され、米軍武装兵がブルドーザーで、住民の農地を強制収用した。土地所有者は、ブルドーザーの前に座り込むなどの抵抗をしたが、米軍によって排除された。土地を強制収容された住民たちによる住民大会が那覇やコザなど、全沖縄の64市町村のうち、56市町村で開かれた。
(19) A・J・トインビー／池田大作『二十一世紀への対話』第1巻、聖教新聞社、136-137ページ参照。トインビーは、第一次世界大戦後のイギリスの半官法人という仕組みについて、「十分に確実な恒久的な基盤の上に教育を独立させることが大切」であること、そのために、「国家や企業のコントロールを受けない恒久的な財政基金」と「高い倫理的・知的水準にあって、誰からも尊敬され指示されるような教職スタッフ、教育行政スタッフ」の二つの条件が必要であると述べている。また、教育機関については、「教育機関は、あくまで完全な自治機関」が条件であること、「教育法人の規約には、教育行政スタッフや教職員だけでなく、小中学校の場合は両親、高校や大学の場合は学生を含め、それぞれの代表からなる代議制を規定」すること、「一般大衆からの代表も出す」ことによって、「多種多様な参加者がそれぞれもつ権限によって」、教育方針案とその実施が決定され、多くの議論が交わされるとしている。
(20) 同前書
(21) 内藤誉三郎『教育財政論』時事通信社・1949年、65ページ参照。教育委員会は、一般行政から分離独立して、教育の自主性の確立を期して設立されたが、財政的には何の保障もなく、地方公共団体から批判を受けて存在価値が否定されるとし、「財政的独立なくして果たして行政的独立があり得るだろうか」と述べている。
(22) 内藤誉三郎『戦後教育と私』毎日新聞社・1982年、37ページ参照。米国教育使節団に協力するための日本側教育家委員会を母体として、文部省に建官する常任委員会として設置された。教育刷新委員会の審議は、米国教育使節団報告書が重要な指針となり、教育基本法や教育委員会制度、学制改革など戦後日本の教育改革について審議された。
文部科学省公式サイト
http://www.mext.go.jp/b_menu/hakusho/html/others/detail/1317998.htm
(23)「初等および中等学校の教育行政　教育の民主化の目的のために、学校管理を現在の如く中央集権的なものよりむしろ地方分権的なものにすべきであるという原則は、人の認めるところである。（中略）」(『米国教育使節団報告書〈要旨〉昭和21年3月31日』)
(24) 同前、第一次米国教育使節団勧告によれば、「市町村および都道府県の住民を広く教区行政に参画させ、学校に対する内務省地方官吏の管理行政を排除するために、市町村および都道府県に一般投票により選出せる教育行政機関の創設」を提案している。
(25) 同前、第二次米国教育使節団報告書によれば、教育区はできるだけ自然の地域社会を中心に設けられ、新学制と教育計画に必要な施設を備え、機能を果たすための人口と税源を有する十分な広さをもつ地域が望ましいこと、教育委員会の委員は、投票によって選出され、党派によらない営利目的でない人物であることが望ましいこと、教育委員会が予算の全責任をもち、予算執行に必要な課税を決定する権限を有して、財政的に独立することを提案している。(『米国教育使節団報告書〈要旨〉昭和25年9月22日』)

文部科学省公式サイト
http://www.mext.go.jp/b_menu/hakusho/html/others/detail/1317998.htm
(26) 日本近代教育史料研究会編『教育刷新委員会教育刷新審議会会議録』・第1巻・教育刷新委員会総会　第1〜17回・岩波書店、1995年、第2回総会議事録速記録、35ページ
(27) 内藤前掲書、『教育財政論』、77ページ
(28) 同前書、78ページ
(29) 同前書
(30) 同前書、79ページ
(31) 内藤誉三郎『教育財政学』誠文堂新光社・1953年、28ページ参照。教育委員会制度を設けて、教育行政の政治的中立性を保障し、その自主性を確立するためには、教育税制度の創設による教育財政の確立は急務である。」と述べている。
(32) 内藤前掲書、『戦後教育と私』、60ページ
(33) 同前書、61ページ
(34) 大田同前、258ページ
(35) 市川須美子、浦野東洋一他編『教育小六法＜平成25年版＞』学陽書房、2013年、1295ページ
(36) 日本近代教育史料研究会編前掲書、『教育刷新委員会教育刷新審議会会議録』第1巻、448-449ページ
(37) 大﨑素史「池田先生の教育権独立の提唱」(『創立者池田先生の思想と哲学』第3巻、第三文明社、2007年、167ページ)
(38) 宗像誠也『私の教育宣言』岩波新書・1958年、101ページ参照。「もともと中央教育委員会制度というものは、考えられたことがなくはなかったのだ。教育刷新委員会の答申（昭和22年）でも、この名の機構が出ていた」とある。
(39) 内藤前掲書、『戦後教育と私』、60ページ
(40) 内藤同前書、61ページ
(41) 内藤同前書、40-41ページ「インフレの悪化、苦しい食糧事情で、（中略）食糧メーデーも開かれ、（中略）国民の生活もままならぬとき（以下略）」
(42) 内藤同前書
(43) 大﨑素史『教育行政学』創価大学出版会・2000年、46ページ
(44) 森田俊男『アメリカの沖縄教育政策』明治図書・1967年、24ページ
(45) 戦後八重山教育の歩み編集委員会前掲書、37-38ページ参照
(46) 沖縄県公文書館前掲、「戦後沖縄の統治機構の変遷」参照。
http://www.archives.pref.okinawa.jp/press/ryukyu/05.htm
(47) 同前
(48) 沖縄教育委員会編前掲書、43ページ
(49) 沖縄県公文書前掲、「沖縄諮詢会設立（1945年）」参照。
http://www.archives.pref.okinawa.jp/publication/2012/08/post-62.html
(50) 森田前掲書、29ページ
(51) 戦後八重山教育の歩み編集委員会前掲書、38ページ
(52) 同前書、124ページ参照。八重山地区独自の教育指針、教育基本法、学校教育法、同施行規則などの教育関係法規が整備され、独自の教育行政が行われていたことが伺える。
(53) 同前書、125ページ

(54) 沖縄教育委員会編前掲書、1126ページ
(55) 同前書、126ページ
(56) 屋良前掲書、29ページ
(57) 戦後八重山教育の歩み編集委員会前掲書、126ページ
(58) 屋良前掲書、29ページ
(59) 沖縄教育委員会編前掲書、1134ページ
(60) 屋良前掲書、29ページ
(61) 沖縄教育委員会編前掲書、152ページ
(62) 同前書、153ページ
(63) 同前書、1276ページ参照。(教育委員会法第91条～93条)
(64) 同前、教育委員会法第95条
(65) 同前、教育委員会法第97・98条
(66) 同前、1278ページ参照。(教育委員会法第110条・11条)
(67) 同前、教育委員会法第112条・113条
(68) 同前、教育委員会法第118条・119条
(69) 戦後八重山教育の歩み編集委員会前掲書、127ページ
(70) 沖縄教育委員会編前掲書、1280ページ参照。(教育委員会法第124条～126条)
(71) 同前、教育委員会法第128条・129条
(72) 戦後八重山教育の歩み編集委員会前掲書、127ページ
(73) 沖縄教育委員会編前掲書、1264ページ (教育委員会法第2条)
(74) 同前、1266ページ (同法、第12条)
(75) 同前、(同法第13条)
(76) 同前、(同法第16条)
(77) 同前、1267ページ (同法17・18条)
(78) 同前、(同法23～25条)
(79) 同前、(同法第74条)
(80) 同前、1274ページ (同法第81・82条)
(81) 同前、1275ページ (同法第83条)
(82) 同前、(同法第84条)
(83) 同前、(同法85条)
(84) 戦後八重山教育の歩み編集委員会前掲書、156ページ
(85) 同前、157ページ
(86) 同前、158ページ
(87) 同前、127ページ
(88) 沖縄教育委員会編前掲書、1133ページ
(89) 同前、1270-1271ページ
(90) 同前、242ページ
(91) 同前
(92) 同前
(93) 同前
(91) 同前、245-245ページ
(95) 同前、255-256ページ

(96) 同前、254-260ページ
(97) 同前、255ページ
(98) 同前、256ページ
(99) 戦後八重山教育の歩み編集委員会前掲書、344-345ページ
(100) 同前、346ページ
(101) 嘉納前掲書、85ページ
(102) 同前、1270ページ（同法45条～47条）
(103) 同前、1271ページ（同法51条）
(104) 同前、（同法第55条）
(105) 1272ページ（同法第56条）
(106) 同前、（同法第58条）
(107) 同前、（同法第59・60条）
(108) A・J・トインビー／池田大作前掲書
(109) 持田栄一『教育管理』国土社、1961年、130-131ページ
(110) 同前
(111) 同前
(112) 文部科学省公式サイト「下村博文文部科学大臣記者会見録」
http://www.mext.go.jp/b_menu/daijin/detail/1332689.htm
(113) 内藤前掲、『教育財政学』、9ページ
(114) 同前

資料 001

池田SGI会長の四権分立、教育権独立等に関する提言集

矢野 淳一
YANO, Jun-ichi

この資料は、池田SGI会長によってさまざまな機会を通じて語られ、記述された「四権分立」や「教育権の独立」に関連する主な文献で2013年11月18日までに集めたものを、時系列に整理した一覧である。
（引用は、該当する関連ページ中の一部抜粋）

(1)「四権分立」の提唱

- 『わたくしの随想集』(読売新聞社) 1970 (昭和45) 年9月1日第1刷発行
  16～22ページ　文明随想「大学革命について」
  『潮』1969 (昭和44) 年7月号 (潮出版社) 132～135ページ所収、執筆は5月13日付
- 『池田大作全集』第19巻　聖教新聞社　26～32ページ
  (『新・人間革命』第14巻「智勇」の章、参照)

　現在の政界の一部には、政治権力の介入によって大学の再建を図ろうとする動きがあるようだが、それでは、さらに火に油を注ぐことにしかなるまい。真の解決策は、むしろ教育の尊厳を認め、政治から独立することに求めなければならないと思う。

　本来、教育は、次代の人間と文化を創る厳粛な事業である。したがって、時の政治権力によって左右されることのない、確固たる自立性をもつべきである。その意味から、私は、これまでの立法、司法、行政の三権に、教育を加え、四権分立案を提唱しておきたい。

(2)「人間教育」「全体人間」

- 『わたくしの随想集』(読売新聞社) 1970 (昭和45) 年9月1日第1刷発行
  71～84ページ　人間随想「人間教育のすすめ」
- 『池田大作全集』第19巻　聖教新聞社　75～87ページ

　「教育の目的は、機械を作ることではない、人間を作ることである」と言った思想家がいた。教育の目的は、人を人間にまで導く、つまり人間形成である。また、人間建設であり、人間革命以外のなにものでもない。

　考えてみれば、人間ほど偉大なものはないであろう。なぜなら、いっさいの文化の創造の可能性は、広大な宇宙においても、ただ人間の生命の内奥にだけあるものだからである。その人間のなかに秘められた、偉大なる可能性を引き出し、それを磨き、さらに磨きあげて、完成へと導く、そこに教育の使命がある、と私は考える。

(3) 政府や産業界からの干渉に対する教育の自主性、教育独自の行政機関設立の提唱

- 『私の人生観』(文藝春秋) 1970 (昭和45) 年10月15日第1刷発行

59〜64ページ「学園紛争の意味するもの」
・『池田大作全集』第18巻　聖教新聞社　208〜210ページ

　私は、学問は、あくまでも、真理を探究するものであり、教育は、次代の人間をつくる事業であるとの——基本原則を、国家、社会のなかに再確認すべき時がきていると思う。その意味において、教育に対して政府がうるさく干渉し、学問に対して政府、実業界の圧力が加えられるような機構のあり方を、根底的に改めるべきであると考える。

　もとより、学問、教育といえども、産業社会や政治経済の現実から遊離して存在するものではないだろう。だが、それは、どこまでも、学問、教育にたずさわる人々の、自主性において解決されることが望ましい。教育行政は、政治の実行機関である内閣とは関係のない、独自の機関の手にゆだねられるべきである。そして、単に教師だけではなく、生徒、学生、民間の知的指導者も、できるだけ平等に近い立場で参加できるようでなければならない。

（4）「四権分立」「教育国連」

・1973（昭和48）年10月9日　第5回NSA学生部総会メッセージ
　（創価大学中央体育館）
・『池田会長講演集』第6巻（聖教新聞社）1976年1月2日発行
　213〜218ページ「全人類の平和へ共戦の旗を掲げて」

　さらに私は、この学問の再構築ということとともに、学問の成果を普及させる過程であると同時に、学問を支える基盤である教育について、一つの提案をしておきたい。それは、教育に関する国際的な連合組織をつくって、世界平和への精神的砦を人々の心に築く電源地たらしめてほしいということであります。
　私はかつて、立法、司法、行政の三権に、教育権を加え、その四権を独立させるべきであると主張いたしました。教育は一個の人間をつくりあげる重要な作業であり、生命の絶対尊厳を教えていくのも教育の使命であります。それには政治的権力によって左右されるものであってはならない。教育や科学、文化における国際協力を推進する機関としては、ユネスコがあり、平和構築をその理想として掲げてはいるが、既存の国家的力によってつくられたものであるため、国連と同様、政治的な影響をうけざるをえない状況にあります。
　したがって私は、教育権の独立を、全世界的次元で具体化し、いかなる権力にも左右されない、平和教育機関をつくることが先決であると考えるのであり

ます。それには、教育の現場にたずさわる教師、また家庭教育の責任者である父兄、さらには、教育を受ける立場にあり、また先輩の立場にもある諸君たち学生、それに学識経験者も加えて、仮称「教育国連」をつくり、それをもって真実の世界平和を実現し、国際間のあらゆる平和協力の実を上げるようにしていってはどうか、そしてそれには、日本の学生部の諸君が含まれるのは当然でありますが、なかんずく、米国の学生諸君が先駆けとなって前駆してはどうか、と訴えたいのであります。

（5）「教育国連」「世界大学総長会議」「学生自治会会議」

- 1974年（昭和49）年4月18日　第4回創価大学入学式講演（創価大学中央体育館）
- 『創立者の語らいⅠ』（創価大学学生自治会）1995（平成7）年3月16日発行
  88～90ページ「創造的生命の開花を」
- 『池田大作全集』第59巻　聖教新聞社　52～54ページ

　次に訪（おとず）れたニューオーリンズ大学でもヒット総長と「教育国連」構想、さらにはその前段階として、世界の大学を結ぶ「世界大学総長会議」や学生の連合である「学生自治会会議」を開催することを話し合い、意見の一致をみました。
　このことは、後に訪れたカリフォルニア大学ロサンゼルス校のミラー副総長との対話においてもテーマにのぼり、教育交流を中心として世界平和に寄与していくことを、強い共感をもって確認しあったしだいであります。（中略）
　私は、私の信念として、諸君のためには、いかなる労苦も惜（お）しまず、新しき世界への道を開いてまいりたいと思っております。私が、世界の人々のなかを駆（か）けめぐるその胸中には、つねに大切な、そして心より信頼する諸君の存在があることを知っていただきたいのであります（拍手）。どうか、諸君は、私の今打っている"点"と"点"とを"線"で結び、さらにそれを壮大な立体とした世界の平和像をつくりあげていってほしいのであります。これは、私の諸君に対する遺言と思ってください。お願いします。（拍手）
　「教育国連」の発想は、国際政治による平和への努力が空転し、行き詰まっている現代にあって、それを教育の力で真実の世界平和を勝ちとるための、最後の、そして確かな切り札であると、私は思っているのであります。そのために、「世界大学総長会議」も提案してきたし、学生諸君が平和へ立ちあがるために「学生自治会会議」の提案も行ってきたわけであります。これらは私一人ではとうていできないし、やがての時代、諸君たちがその実現に努力してほし

いのであります。

（6）「学問・教育の尊厳性」「全体人間」「人間教育」「教育の資金源」

- 『二十一世紀への対話』池田大作／アーノルド・J・トインビー（文藝春秋）
  1975（昭和50）年3月20日初版発行
  上巻　119〜124ページ「第3章　1 学問・教育のあり方」
- 『池田大作全集』第3巻　聖教新聞社　111〜116ページ

　現代の教育が実利主義に陥ってしまっているのは、悲しむべきことです。
　こうした風潮は、二つの弊害をもたらしていると思います。一つは、学問が政治や経済の道具と化して、その本来もつべき主体性、したがって尊厳性を失ってしまったこと。もう一つは、実利的な知識や技術にのみ価値が認められるために、そうした学問をする人々が知識や技術の奴隷に成り下がってしまっていることです。そこからもたらされる結果は、人間の尊厳の失墜です。そのような、知識や技術に人間が奉仕し、政治や経済に操られるようになった学問・教育を、本来の、人間としての基本的なあり方や人間存在の根本を明らかにする学問、また、それを伝えていく教育へと転換することが、どうしても必要だと思います。（中略）
　実際問題、社会に出たときには、学問に示される能力は、その人の人間としての価値を決めるものではありませんね。むしろ、心の広さや、生活のうえで身につけた経験の深さなどのほうが、より大きな価値をもつことが少なくありません。また、もてる才能を発揮し尽くすには、知的労働と肉体労働とでは差はありますが、頑健な身体と、神経の機敏性ということも、必要になってくるでしょう。
　そのためには、学校教育においても、机上の学習だけではなく、社会との接点をつくって人生の経験を踏ませる方法を考えるとか、課外活動や共同生活の経験をもたせるよう、なるべく多くの機会を設けなければならないでしょう。現在求められている教育のあり方として、私は、この全体人間を志向した人間教育の必要性を強調したいと思います。

　＊アーノルド・ジョーゼフ・トインビー　1889年、ロンドンに生まれる。オックスフォード大学卒業。古代史専攻。ロンドン大学教授、王立国際問題研究所研究部長などを歴任。主著に「歴史の研究」（全12巻）など。1975年没。

（7）「四権分立」「教育国連」「生命の尊厳」「大学自治」

- 『**人生問答（下）**』松下幸之助／池田大作（潮出版社）1975（昭和50）年10月25日発行
  13～15ページ「教育の目的」、34～37ページ「学問の自由・大学の自治」、
  53～56ページ「教育権の独立を」
- 『**池田大作全集**』第8巻　聖教新聞社　457～483ページ

　教育こそ、文化の原動力であり、人間形成の根幹をなすものです。したがって、教育は、国家権力からも独立した、独自の立場で組織され、学問的にも追究されるものでなければならないと信じます。

　そうした意味で私は、新たな概念と価値観をもって教育権の独立という構想を唱えてきたしだいです。

　さらに、世界各国から教師、父母、学生、学識経験者が集まって「教育国連」をつくり、人類的視野にたった教育の実現を図るべきである、と提案しております。

　教育が、どこまでも人間を対象とし、しかも多くが、未来を担う青少年の動向を決定するものであるだけに、それにたずさわるあらゆる機関も教師もあふれるばかりの情熱と、確固とした教育理念をもっていなければならないでしょう。そして教育理念とは、まずなによりも、人間に対する徹底して深い洞察と理解、そして愛情がその根幹となるべきものといえます。

　その原点を踏みはずしていては、いかなる教育技術も、制度も、ビジョンも、砂上の楼閣に帰するしかないと思います。

　　＊松下幸之助　1894（明治27）年、和歌山県に生まれる。松下電器産業（現在のPanasonic）の創業者。社会活動の面でもPHP研究所をはじめ、松下政経塾や、科学の進歩に大きく貢献した人に与えられる日本国際賞などを創設し、人材の育成に尽力。『人間を考える』『商売心得帖』など著書多数。1989（平成元）年没。

（8）「教育権の独立」

- 『**四季の雁書**』池田大作／井上靖（潮出版社）1977（昭和52）年4月28日初版発行
  216ページ「子供の庭」のこと・人間化の季節
- 『**池田大作全集**』第17巻　聖教新聞社　218ページ

　たしかに、それはそれなりに教育行政自体の問題も山積していることは、よくわかります。しかし、行政的な施策を変えるという対症的な改革だけで、縺れきった糸をほぐすことは、容易でないと思っています。

「教育産業」という言葉があることは知っていましたが、それが嘲笑した言辞だけではなく、実際に企業経営化しているという実情には、驚くほかありません。商業主義支配の断面を見せつけられる思いがします。

教育が、何かの手段になるような時代は、私たちには悪夢の記憶としてしか蘇ってきません。学の独立と同時に、教育権の独立は、人間の尊厳に深くかかわっていることを、私は私なりに訴え、具体的に実践していくコースに入りかけたようです。

＊井上靖　1907（明治40）年、北海道に生まれる。1950年に『闘牛』で芥川賞受賞。洪作少年が成長していく『しろばんば』『夏草冬濤』『北の海』は自伝的三部作とも呼ばれる。『楼蘭』『蒼き狼』『風濤』などの歴史小説が人気を誇る。『天平の甍』『敦煌』『本覚坊遺文』など映画化作品も多い。1991（平成3）年1月没。

（9）「全体的な人間」

- 『二十一世紀への警鐘』池田大作／アウレリオ・ペッチェイ（読売新聞社）
  1984（昭和59）年10月14日第1刷発行
  298〜300ページ「教育機関のあり方」
- 『池田大作全集』第4巻　聖教新聞社　428〜430ページ

教育は、お金のかかる事業であるため、民衆に遍く教育を受けさせようとすると、国家が推進せざるをえないということになります。ところが、国家権力を握っている人々は、しばしば民衆が自ら考える力をもつようになることを嫌い、権力に盲目的に従いながら、そのもとでそれぞれの仕事に対して有能であることを望みます。

その結果、知識や技術の習得に偏った教育となります。つまり、全体的な人間をつくることよりも、国家や産業などの機構の部品としての人間をつくろうとする、歪んだ教育になってしまいがちです。国によって程度の違いはありますが、現代の教育の課題は、まさにここにあると私は思います。（中略）

科学・技術や経済といった物質世界にかかわる学科が優先されるのは、国家社会の物質的豊かさを手っとり早く増進するのに都合がよいからです。その反面で、人文科学が軽視されがちなのは、物質的実利と無縁であるためであり、さらにいえば、これらの学問はとかく現実の社会体制や権力者のあり方について批判的な眼をもつため、不快がられるという面があると思います。

しかし、現代は、これまでの価値観が根本的に問い直されなければならないときであり、複雑化した社会の中で一人一人が自分の生きる道をとらえ直すこ

とが、否でも必要になっている時代です。国家社会にとっても人類全体にとっても、長期的視野からの繁栄を考えるならば、物事を全体的視点から思考し、計量できない形而上的なものを考察して、正しい方向性を見定めていける人文学的教養を、できるだけ多くの人が身につけていくことこそ、現代にまさに求められているといえましょう。

　これまでは、物質の学問に力を入れた社会が勝利を収めてきましたが、その"勝利"がじつは破綻を招いているのです。これからの時代を切り開くのは、人文学的教養と全体的視野をもって科学・技術を正しく使いこなしていける人間を育成することに成功した社会である、といっても過言ではないと私は考えます。

　　＊アウレリオ・ペッチェイ　1908年、イタリア・トリノに生まれる。トリノ大学卒業。経済学博士。ローマ・クラブ会長。第二次大戦中はレジスタンスの闘士として活躍。戦後の混乱期にフィアット社を再建。その後オリベッティ社社長を経て、68年各国の経営者、知識人に"人類の危機"を訴え、70年に「ローマ・クラブ」を設立。ヨーロッパの行動的知性として、人類の将来に建設的提言を続けてきた。著書『人類の使命』『未来のための100ページ』など。1984年3月14日、ローマで没。

(10)「第1回世界教育者会議」「教育国連を考える世界教育者の会」「四権分立」「教育国連」「教育国連構想ヨーロッパ準備会議」「アジア準備会議」「世界教育者会議」「二十一世紀教育宣言」

・『教育の目指すべき道』――私の所感（聖教新聞社）1984（昭和59）年10月31日発行
　4〜7ページ、24〜26ページ「『全体性』『創造性』『国際性』備えた豊かな人格形成」

・『池田大作全集』第1巻　聖教新聞社　503〜521ページ

　本来、教育の目的は、個々の人間の尊重、独立人格の形成というところにおかれねばならない。しかし現実には、国家や企業にとって価値ある人間、つまり、そういう機構、組織の中で効率よく効果を発揮する人間の育成というところに、教育が手段として用いられてきたという傾向性は看過し得ない事実であります。

　私が、かねてから立法、行政、司法の三権から教育権を独立させる「四権分立」構想を世に問うてきたのも、そうした政治主導型の教育がもたらす弊害や歪みを取り除くことを念願するからであります。政府が音頭をとり続けてきた明治以来の近代教育の過程で、見失われてきたものは何か――それは「人間」の二字であります。

牧口常三郎初代会長は、長年にわたる教育実践と研究に基づいて、教育の目的を、次のように規定しております。
　つまり、教育の目的は学者が定めるものではなく、他の誰かに利用されるべきものでもない。人生の目的がすなわち教育の目的と一致すべきであるとの観点から「教育は児童に幸福なる生活をなさしむるのを目的とする」としているのであります。

(11)「教育国連」「世界市民の育成」

・第12回「SGIの日」記念提言　「民衆の世紀」へ平和の光彩
　『聖教新聞』1987(昭和62)年1月26日付掲載
・『池田大作全集』第1巻　聖教新聞社　215～223ページ

　これまで私は様々な機会に、数多くの提言を行ってまいりました。核兵器廃絶への様々な具体策、「核戦争防止センター」設置構想、「世界不戦宣言」案、「教育国連」・「環境国連」構想、「国連を守る世界市民の会」設置案等々、更に昨年はアジア・太平洋時代を見すえ「アジア・太平洋平和文化機構」の構想を提示いたしました。私の構想する研究センターで、これらの提案の具体化への研究も併せて進めていただければと思うものであります。
　私はこの研究センターの特徴としては、地球の平和と安定への情報、提言、ビジョンを単に政府へ向けて提示するのみでなく、世界の市民が活用し、ともに知恵を出し合っていける方向性も考えてほしい。したがって世界の草の根レベルの運動家の意見なども吸収する必要があろうし、広く市民とともに歩む研究センターが望ましいことは言うまでもありません。

(12)「教育国連」

・『「平和」と「人生」と「哲学」を語る』池田大作／ヘンリー・キッシンジャー
　(潮出版社)1987(昭和62)年9月5日発刊
　150～152ページ　第2章　平和の橋
・『池田大作全集』第102巻　聖教新聞社　305～307ページ

　平和教育といっても、現実の公教育にあっては、往々にして平和の価値よりも軍備拡張に結びついた国益が重視されているという状況があります。ゆえに、教育を政治権力から切り離し、平和のために国際的視野・基盤から教育を行おうという仮称「教育国連」の構想を提唱してまいりました。

これは、教育者、父母、学生、学識経験者をもって「教育国連」を構成し、諸国民の偏見、敵意、差別を取り除き、平和な二十一世紀の世界を築くため、全世界の青少年に教育を実施しようとするものであります。

> *ヘンリー・A・キッシンジャー　1923年、ドイツに生まれる。15歳で家族とともに渡米。43年、米国に帰化し市民権を得る。46年ハーバード大学政治学部に入学、19世紀の外交史を専攻。同大学院を終了後、講師・准教授・教授と昇進。69年ホワイトハウスに入り、国家安全保障問題担当補佐官、国務長官を歴任。周恩来、毛沢東、ブレジネフなどと精力的に会談。ベトナム和平の功績により、73年「ノーベル平和賞」受賞。著書に『キッシンジャー激動の時代』ほか。

(13)「四権分立」

- 『二十一世紀への人間と哲学(下)』J・デルボラフ／池田大作（河出書房新社）
  1989（平成元）年4月25日発行
  84〜100ページ　第6章　教育問題　2　教育と政治権力
- 『池田大作全集』第13巻　聖教新聞社　305〜320ページ

　教育内容に関していえば、これは、私が十年以上まえにすでに訴えたことですが、教育は、時の政治権力の干渉しえない、独自の主体性をもつ分野として位置づけられなければなりません。つまり、今日の議会制民主主義国家においては、立法、行政、司法の三権分立が原則とされていますが、それにくわえて、教育も、これにならぶものとして確立し、四権分立をはかるべきである、と思うのです。

　もちろん、では、その教育の最高方針を定めるのは、どんな人々であり、また、そのメンバーをどのようにして選ぶのか、といった具体的な問題は残りますが、私はまず根本的に、この考え方が少なくとも近代国家において実現されていかなければならないと、思っています。(中略)

　私が、立法、司法、行政の三権分立にくわえて、教育を第四権として自立させるべきであると考えるのは、これまで述べてきたことからもおわかりいただいていると思いますが、あまりにも教育の立場が弱く、とくに行政権力によって左右されてきたことに対する、解決策としてです。立法、司法、行政の権力分立自体、司法や立法が、行政権に支配されてはならない、との理念から立てられたものであるのと同じです。

　現実には、三権分立といっても、たがいに依存しあい影響しあっているように、教育を第四の権力として自立させたとしても、他の三権と密接にからみあっていくでしょう。現実の社会、時代の推移と無関係に、教育の世界だけ

が、化石のように固定化していくものでないことはとうぜんです。
　その根本理念は、司法が、そのときの政権の意向に左右されるのではなく、国の法律が定めた正義を守り、実現していくことをめざすように、教育は、つぎの時代を担う人間教育をめざすのでなければなりません。

　　＊ヨーゼフ・デルボラフ　1912年、オーストリア・ウィーン生まれ、ウィーン大学で教育学、心理学、哲学等を修め、55年、ボン大学の哲学および教育学の正教授となる。教育学・倫理学の中心的存在として幅広く活躍。80年、名誉教授。アメリカ、ソ連（当時）、日本でも客員教授を務めた。『現代教育科学の論争点』『教育と政治』など著書・論文多数。1987年没。

(14)「四権分立」「教育国連」「世界人権宣言」「教育を受ける権利」

・『二十一世紀の人権を語る』池田大作／アウストレジェジロ・デ・アタイデ（潮出版社）
　1995（平成7）年2月11日発行
　226〜227ページ　第8章「人権の新世紀」への確たる軌道
・『池田大作全集』第104巻　聖教新聞社　497〜498ページ

　私はかねてから、従来の司法・行政・立法の三権分立というシステムから教育権を独立する「四権分立的」発想に立った「教育国連」設立の構想を主張してきました。
　従来、国連は主権国家の利益が衝突する弊害にさらされてきました。
　しかし、教育事業は、人権の世紀を築くための根本的な事業であり、国家利益に従属したものであってはならない。私は、「世界人権宣言」の精神を現実のものにしていくために、「人類益」という立場を根本とした「教育国連」の必要性を主張してきました。
　二つの世界大戦を経験し、多くの地域紛争のなかで、あらゆる悲惨を見てきた私たちが、未来の世代のためになさねばならない最大の事業こそ、「教育を受ける権利」の実現だからです。

　　＊アウストレジェジロ・デ・アタイデ　1898年、ブラジル・ペルナンブコ州生まれ。リオデジャネイロ連邦大学卒業後、新聞記者となる。第3回国連総会にブラジル代表として参加し、「世界人権宣言」の作成に重要な役割を果たす。1959年ブラジル文学アカデミー総裁に就任、逝去まで続ける。著書に『苦い歴史』『アジサイの咲く頃』などがある。1993年9月13日没。

(15)「教育権の独立」「四権分立」「世界教育者サミット」

- 1996（平成8）年6月13日　コロンビア大学ティーチャーズ・カレッジでの講演
「地球市民」教育への一考察
- 『創立者の語らい　記念講演篇Ⅲ』創価大学学生自治会　2004（平成16）年1月26日第1刷発行　99～103ページ
- 『池田大作全集』第101巻　聖教新聞社　428～430ページ

私はかねてより、「教育」は、絶対に国家権力に従属してはならないとの信念から、「教育権」を、立法、行政、司法の「三権」から独立させて、「四権分立」にするべきであると主張してきました。

それが、偏狭な国家の教育統制と戦ってきた、二人の先師の心でもあるからであります。

人類の将来を展望するうえで、国家の枠を超えた教育者の地球次元での連帯が、何よりも重要となってくると、私は強く思う一人であります。その意味において、私は、いわゆる政治家だけの「サミット」ではなくして、「教育者のサミット」を最大に重視し、提唱したいのであります。

(16)「学問の自由」「四権分立」

- 『健康と人生　生老病死を語る』池田大作／ルネ・シマー／ギー・ブルジョ
（潮出版社）2000（平成12）年4月2日発行
411ページ～413ページ　第5章　生命の世紀の黎明
- 『池田大作全集』第107巻　聖教新聞社　565～567ページ

大学の存立に関して、重要な視点がことごとくあげられております。

まず、第一の視点については、「学問の自由」という重要な人権に関するものと言えるでしょう。

歴史を振り返ると、近代のナチスやスターリン時代のソ連など、学問・研究が政治的な意図によって悪用される例がしばしばありました。また、日本の薬害エイズ問題では、企業に都合のよい論文のデータを発表して、糾弾されている研究者もおりました。（中略）

科学者としての良心の問題です。研究者が、"真理"の探究を忘れ、自己中心的になったとき、社会のため、人間のためという存在意義を失ってしまうのです。私は、大学には、政治や経済などからの独立を確保し、自身の良心にしたがって、研究を進め、成果を公表していく権利が保障されることが大切だと

考えております。
　それゆえに、大学のみならず教育は、行政・司法・立法から独立した第四の機構として、教育制度を確立すべきであると主張してきました。とともに、研究者が、自身の"良心"に基づいて行動することが肝要です。

　　＊ルネ・シマー　1935年、カナダ・モントリオール生まれ。モントリオール大学で医学博士を所得。パリ大学、シェルブルック大学教授を経てモントリオール大学がん研究所所長、同大学長（93年〜98年）。カナダ医学研究評議会議長、がん研究国際センターの科学評議会議長など歴任。主な著書に『カナダー破壊か再生か―教育、科学、技術向上のケース』など。
　　＊ギー・ブルジョ　1933年、カナダ・モントリオール生まれ。モントリオール大学で文学士、哲学修士、神学修士を取得。イタリア・グレゴリアナ大学で神学博士、倫理学博士を取得。モントリオール大学生涯教育学部長、カナダ・ユネスコ協会会長など歴任。主な著書に『倫理学、法学と健康工学』『生物医学の新技術に直面する倫理と法律』など。

(17)「教育のための社会」「教育センター」「教育権の独立」「教育国連」「世界教育者サミット」

> ・教育提言「教育のための社会」目指して
> 『聖教新聞』2000（平成12）年9月29日、30日付掲載
> ・『池田大作全集』第101巻　聖教新聞社　326〜338ページ

　そこで、私は、二十一世紀の教育を考えるにあたり「社会のための教育」から「教育のための社会」へというパラダイムの転換が急務ではないかと、訴えておきたいのであります。
　「教育のための社会」というパラダイムの着想を、私は、コロンビア大学宗教学部長のロバート・サーマン博士から得ております。博士とは、私も何度かお会いし、そのつど深い識見に感銘を受けていますが、博士は、アメリカSGI（創価学会インタナショナル）の機関紙のインタビュアーから、社会において教育はいかなる役割を果たすべきかを問われて、こう答えております。
　「その設問は誤りであり、むしろ『教育における社会の役割』を問うべきです。なぜなら、教育が、人間生命の目的であると、私は見ているからです。」と。
　まさに、卓見であるといってよい。こうした発想は"人類最初の教師"の一人である釈尊の教えに依るところが多いと博士は語っていますが、そこには自由な主体である人格は、他の手段とされてはならず、それ自身が目的であるとしたカントの人格哲学にも似た香気が感じられてなりません。（中略）
　そこで私は、教育に関する恒常的審議の場として、新たに『教育センター

（仮称）』を創設し、教育のグランドデザインを再構築する役割を担っていくべきだと提案したい。

設置にあたっては、一つの独立機関として発足させ、政治的な影響を受けない制度的保障を講ずるべきであると考えます。内閣の交代によって教育方針の継続性が失われたり、政治主導で恣意的な改革が行われることを防ぐ意味からも、独立性の確保は欠かせないのです。

かねてより私は、立法・司法・行政の三権に、教育を加えた『四権分立』の必要性を訴えてきました。

教育は次代の人間を創る遠大な事業であり、時の政治権力によって左右されない自立性が欠かせません。

それはまた、戦争への道を後押しした『国家主義の教育』と身を賭して戦ってきた、牧口会長および戸田第二代会長の精神でもありました。

そこで『教育センター』が核となり、国立教育研究所などとも連携を図りながら、確固たる理念と長期的な展望に立った教育改革の方向性を打ち出していくべきだと思うのです。

この重大な使命に加えて、『教育センター』を設立することで、日本は『国際貢献の新しい道』を開くことができましょう。

世界平和の実現の基盤となるのは、国家の利害を超えた教育次元での交流と協力です。私は、この観点から、教育権の独立を世界的規模で実現するための『教育国連』構想を、20年以上前から訴えてきました。日本が『教育センター』の設立を通し、『教育権の独立』という潮流を世界で高めていく役割を担っていけば、『教育立国』という日本の新たなアイデンティティーを確立することにもつながっていくのではないでしょうか。

(18)「教育の世紀」「教育のための社会」

- **教育提言　教育力の復権へ　内なる「精神性」の輝きを**
  『聖教新聞』2001（平成13）年1月9日付掲載

- **『池田大作全集』第101巻　聖教新聞社　354ページ**

いよいよ21世紀が開幕しました。私は昨秋（2000年）、この新しき世紀を「教育の世紀」にしなければならないとの思いから、一つの提言を発表いたしました。

これは、教育を手段視し続けてきた日本社会に対する警鐘の意味を込め、「社会のための教育」から「教育のための社会」への転換を呼びかけたもので

す。子どもたちの幸福という原点に立ち返って教育を回復させることは、まさに急務といえます。

(19)「教育権の独立」

・『希望の選択』池田大作／デイビッド・クリーガー（河出書房新社）
　2001（平成13）年8月24日初版発行
　30〜32ページ　第1章　「平和の行動者」への道
・『池田大作全集』第110巻　聖教新聞社　333〜335ページ

　私はかねてから「教育権の独立」を主張してきました。教育権は、国家主権から独立し、その干渉を許してはならない。教育は、「国家益」でなく、「人類益」の立場に立って、行われるべきであるという主張です。

　＊デイビッド・クリーガー　1942年生まれ。核時代平和財団所長。ハワイ大学、サンフランシスコ州立大学助教授などを務めながら、サンタバーバラ市立裁判所の臨時判事、裁定人も務める。国際法アメリカ協会、アメリカ弁護士協会の会員。戦争と平和財団、地球的責任への技術者と科学者の国際的ネットワーク、国際犯罪裁判所設立財団、ホロコーストと大量虐殺研究所の国際委員会などのメンバーでもある。これまでに「平和のためのハンガリー・エンジニアの会」ブロンズメダル（95年）、「戦争と平和財団」平和賞（96年）などを受賞。著書に『生き残りへのカウントダウン』『偶発的核戦争の防止』『地球市民』『核時代のためのマグナカルタ』『アボリション2000へのカウントダウン』など多数。

(20)「大学の自治」「教育のための社会」

・『新しき人類を　新しき世界を』池田大作／ヴィクトル・A・サドーヴニチィ
　（潮出版社）2002（平成14）年5月3日初版発行
　207〜210ページ　第2章　「自由」と「平等」の両立
・『池田大作全集』第113巻　聖教新聞社　165〜167ページ

　教育とくに大学教育と国家や社会との関係がどうあるべきかは、まさに、新たな世紀の最大の課題であると、私も常々考えております。"国家や社会のための教育"なのか、"教育のための国家や社会"なのか——これは、教育のあり方の根幹が問われる問題です。

　＊ヴィクトル・A・サドーヴニチィ　1939年、旧ソ連生まれ。モスクワ大学総長。ロシア大学総長会議議長。ロシア科学アカデミー正会員。ヨーロッパ大学総長・副総長・学長会議議長。ユーラシア大学協議会会長。モスクワ大学機械・数学部大学院修了。76年に同大学教授となり、92年にモスクワ大学総長に就任。機械・数学の機能理論・機能分析学

の分野における世界的研究者。ソ連崩壊後、総長としてモスクワ大学の教育水準の維持、財政の立て直しに尽力する。

(21)「教育」と「国家」の関係 「教育のための社会」

- 『学は光』池田大作／ヴィクトル・A・サドーヴニチィ（潮出版社）
  2004（平成16）年9月8日初版発行
  18～38ページ　第1章「変貌する教育環境」
- 『池田大作全集』第113巻　聖教新聞社　250～264ページ

「国家」があって、「教育」があるのではなく、「教育」があって「国家」があるのです。

教育は「人間」という骨格をつくる。その人間があって、社会があり、産業も行政もある。

"政治・経済が第一で、どこか、その側面か背後に教育がある"というとらえ方は本末転倒です。（中略）

社会の歪みは、家庭とともに教育の場に端的にあらわれます。

一言でいえば、日本の場合、近代教育システムの歪みをもたらした最大の要因は、"富国強兵"や"殖産興業"といった国家社会の目標がまずあり、本来、人間の全人的成長、人格形成をめざすはずの教育が、そのための手段に貶められてしまった点にあります。目的であるはずのものが、手段になってしまっている――目先のことに一喜一憂するのではなく、この本末転倒をどう正すのかが、教育改革の根本に据えられなければならないと思うのです。

家族の問題も、その本末転倒のしわ寄せをもろにかぶったものであり、したがって、近代工業化社会の行き詰まりとともに、家族としての働きや、コミュニケーション不全が問われているのも、当然の帰結というべきです。（中略）

前にふれたように、核家族以前に戻れなどというつもりはないにしても、新しい家庭の在り方をどう創造していくか、そして「社会のための教育」から「教育のための社会」への軌道修正を、どう風通しよく行っていくかが、試みられなければならない、と私は信じております。

(22)「四権分立」「教育のための社会」

- 『学は光』池田大作／ヴィクトル・A・サドーヴニチィ（潮出版社）
  2004（平成16）年9月8日初版発行
  103～119ページ　所感「教育のための社会」という指標

・『池田大作全集』第113巻　聖教新聞社　313～327ページ

　教育を手段視することは、人間を手段視することであり、根元の営みが毀たれるということは、人間の尊厳が踏みにじられることに他ならないからです。
　それゆえに、教育と権力の問題は、人間主義を標榜する後継の我々にとっても、つねに念頭から離れることのない課題であり続けているのです。私が、四半世紀以上も前から、立法、司法、行政の三権から教育権を独立させる「四権分立」構想を世に問うてきたのも、初代会長の遺志を継いでのものといってよいのです。
　サドーヴニチィ総長は、東京でお会いした際、永遠の課題であるトライアングルとして、この「国家と教育」、そして「国家と社会」「社会と教育」をあげておられました。それぞれが重要なテーマであり、相互に連関し合っていると思いますが、私なりに整理・要約して、ここでは「社会のための教育」なのか「教育のための社会」なのか、もっとはっきりいえば、教育は「手段」なのか「目的」なのかという観点から、アプローチしてみたいと思うのです。

(23)「世界市民の教育」「教育のための社会」

・『人間と文化の虹の架け橋』池田大作／趙文富（徳間書店）
　2005（平成17）年3月16日第1刷発行
　15～16ページ　第1章　韓国から見た日本　日本から見た韓国
・『池田大作全集』第112巻　聖教新聞社　231～233ページ

池田　世界は一体化に向かっています。西洋だけでもなく、東洋だけでもない。一つの価値観を押しつけるのではなく、多様性を認めつつ、人類益を追求し、広げゆくのが、教育です。世界市民の教育です。
趙　そうですね。
　過去の歴史は、現在と未来のために生かしてこそ意味があります。
　これまでの欧米の教育哲学は、ともすれば産業社会を担う人材をつくることが主眼となってきました。それは「お金の奴隷」をつくることと同じになってしまった。
　科学至上主義でもいけない。それでは、人間は「科学の付属品」「科学の奴隷」です。
　教育は「人間のため」にあります。池田先生が教育提言で主張されたように、「社会のための教育」から「教育のための社会」に変えていかなくてはい

けません。

池田 大教育者の鋭いお言葉、感謝します。

時代は、ますます教育が焦点となってきています。日本の教育も行き詰まっている。これまで教育を支えてきた理念も、根本的な見直しが迫られています。

> ＊趙文富（チョ・ムンブ）1932年12月13日、韓国・済州道生まれ。ソウル大学校法科大学行政学科卒業。国立済州大学講師、助教授、教授を経て、97年より2001年2月まで同総長。同名誉教授。政治学博士。東京大学客員研究員、米国エール大学客員研究員、韓国地方自治学会常任理事等を歴任。国民褒章、青條勤政勲章等を受章。著書に、『法と公害』『韓国地方自治論』『予算決定過程の構造と機能─比較的視点から』（日本語）など、論文に「済州島の住民運動とその意味」「韓国の地方開発」「地方自治と住民」「韓国公務員制度の特徴─日本の公務員制度と比較して」（日本語）などがある。

(24)「教育のための社会」「世界市民教育」「人間生命の尊厳」

・『見つめあう、西と東 ── 人間革命と地球革命』池田大作／R・D・ホフライトネル
（第三文明社）2005（平成17）年11月18日初版第1刷発行
172～185ページ　第10章　世界市民教育

　現代の教育問題の原因の一つは、「教育は何のためにあるのか」という根本の教育観の歪みにあると思います。

　近年の教育は、ややもすれば、産業社会の役に立つ人材を育成することが主眼となり、人間を鋳型にはめ込むようなものになっています。本来、それぞれの多様な可能性の開花を目指すべき教育が、社会の特定の価値観のもと、安易な画一性に流され、狭く限定されてしまっているのです。そして、その枠からはみ出た存在は、往々にして切り捨てられてしまう。これでは、教育の荒廃は避けられません。

　そういう現状に対して、私たちの創価教育は、「社会のための教育」という視点を打ち破り、「教育のための社会」への転換を目指したのです。

　この教育観の原点は、牧口初代会長の思想にあります。牧口会長は、軍国主義教育が吹き荒れる最中にあって、「教育は子どもを幸福にするためにある」と敢然と叫んだのです。

　目の前の子どもの幸福を第一義とする──それが創価教育の眼目です。

　この「教育とは子どもを幸福にするため」という大目的に立てば、教育の在り方は大きく変わっていくでしょう。

　これは教育者だけでなく、家庭、地域、そして政治、経済という社会全体の問題であり、責任であることは論をまちません。

＊リカルド・ディエス＝ホフライトネル　1928年、スペイン生まれ。ローマクラブ名誉会長。サラマンカ大学卒業後、ドイツのカールスルーエ工科大学で化学機械製造などを学び、スペインにおける化学産業の促進に寄与する。スペイン、コロンビアで大学教授を務め、ユネスコ理事、スペイン教育科学相、世界銀行教育投資部初代部長など国内外の要職を歴任。91年ローマクラブ会長となり、2000年、名誉会長に。著書に『教育の展望　改革と計画』などがある。

(25)「四権分立」「学校自治権の確立」

・『美しき生命　地球と生きる──哲人ソローとエマソンを語る』池田大作／ロナルド・ボスコ／ジョエル・マイアソン（毎日新聞社）2006（平成18）年9月8日第1刷発行　220〜221ページ　第3章　共生の地球社会へ

　牧口会長はその著『創価教育学体系』でも、学校自治権の確立が急務であることを強調しています。私は、かねてより教育権の独立を確保するための「四権分立」を訴えてきました。これも、そうした牧口会長の志(こころざし)を受け継いできたからにほかなりません。

　　＊ロナルド・ボスコ　1945年6月生まれ。ソロー協会元会長。ニューヨーク州立大学オールバニー校文学部特別教授（英文学・アメリカ文学）。これまで、エマソン協会会長を務めたほか、現在ハーバード大学出版『エマソン作品シリーズ』（全10巻）編著。主な著作に、エマソン・シリーズの『日記その他の作品ノート』『教説全集』『主題別ノート』をはじめ、『光に照らされたウォールデン─ソローの足跡』（共著）、『ラルフ・ウォルドー・エマソン後年の講演（1843-1871）』（共著）など多数。エマソン協会特別貢献賞、同協会最優秀リーダーシップ賞等を受賞。
　　＊ジョエル・マイアソン　1945年9月生まれ。ソロー協会元事務総長。サウスカロライナ大学優秀名誉教授（アメリカ文学）。ソロー協会会長、エマソン協会会長を歴任。「ニューイングランドにおけるアメリカ・ルネサンス」をはじめ、ディキンソン、エマソン、ホーソーン、ソロー、ホイットマンなど、アメリカ文学のロマン主義（1830年から1860年）に関する70冊におよぶ著作、編著、書誌がある。これまで、ケンブリッジ大学、北京大学、香港中文大学、ハーバード大学、マンチェスター大学、ローマ大学などで講演。

(26)「教育のための社会」

・『友情の大草原』池田大作／ドジョーギーン・ツェデブ（潮出版社）2007（平成19）年11月18日初版発行　341〜344ページ　第6章　二十二世紀に向かって

　大切(たいせつ)なことは、子どもたちを思(おも)い慈(いつく)しむ心が、大人(おとな)社会にあふれているかどうかではないでしょうか。
　約八十年前、牧口初代会長は、『創価教育学体系(そうかきょういくがくたいけい)』に込(こ)めた思いを、こう述(の)

べています。
「入学難、試験地獄、就職難等で、一千万の児童や生徒が修羅の巷に喘いで居る現代の悩みを、次代に持越させたくないと思ふと、心は狂せんばかり」であると。
　この深い慈愛から、牧口会長は、"子どもの幸福こそ教育の目的であらねばならない"と訴えました。これは、「国家のための教育」という当時の通念を覆すものでした。
　何のための教育か。また、誰のための教育か。今、「子どもの幸福」を最優先しゆく社会、いわば「教育のための社会」を築いていく方向へ、発想の転換が必要です。

　　＊ドジョーギーン・ツェデブ　1940年生まれ。モンゴル国立大学卒業。モンゴル言語学、文学専攻。博士号所得。モンゴルを代表する文学者であり、詩人でもある。著作には、『この世の素晴らしき人』『馬乳酒の味』『傷つくことなき心』『草原の小道』『五回戦』などがあり、学術論文も「文化の伝統と刷新の諸問題」「作家としての技術」「近代性と文学」など数多い。63年から77年、モンゴル科学アカデミー等の要職を歴任。77年から90年までモンゴル作家同盟議長。92年から96年まで、東京外国語大学の客員教授として日本に滞在。98年からモンゴル国立文化芸術大学学長を務める。これまで国家より「北極星勲章」「スフバートル勲章」「ダムディンスレン勲章」「国家功労芸術賞」などを受章。

(27)「教育のための社会」「全体人間」

・『文化と芸術の旅路』池田大作／饒宗頤／孫立川（潮出版社）2009（平成21）年2月11日初版発行
　　373～375ページ　第12章　青年とともに「永遠の向上」を

　わが生命を捧げる、大いなる決心と情熱なくして、人間を大きく育てることはできません。
　それは、人知れぬ地道な作業であり、忍耐と努力の連続です。
　私は、「社会のための教育」から「教育のための社会」への転換を訴えてきました。
　生命こそ最高の目的です。ゆえに、生命を育む教育という事業を、社会は最大に尊重していくべきでありましょう。
　生命以外のものに、生命以上の価値を置くものは、必ずや生命への圧迫をもたらしてしまう。これが道理ではないでしょうか。
　そして饒先生が言われた通り、教育は真剣勝負です。創価教育の創始者である牧口先生は、教育者に「勇者たれ」と叫ばれました。

「悪人の敵になり得る勇者でなければ善人の友とはなり得ぬ。利害の打算に目が暗んで、善悪の識別の出来ないものに教育者の資格はない。その識別が出来て居ながら、其の実現力のないものは教育者の価値はない。教育者は飽くまで善悪の判断者であり其の実行勇者でなければならぬ」(『創価教育学体系Ⅲ』聖教新聞社)

教育者には、当然、深き「慈愛」がなければならない。しかし同時に、強靱な「勇気」がなければならないというのです。

牧口先生は自ら、その勇気を貫き、日本の軍国主義と戦い抜いて、信念の獄死を遂げました。(中略)

戸田先生が、よく語っていたのは、「現代人の不幸の一つは、知識と知恵を混同していることだ」という点でした。

知識は、善にも悪にも用いることができる。諸刃の剣になる。その知識を、人のため、社会のため、平和のために生かし切っていくのは知恵です。

その知恵を育むためには、単なる知識の習得だけでは足りません。確かな哲学とともに、教育者の全人格的な関わりがあってこそ、知恵ある「調和のとれた人格」——「全体人間」が育成される。

「調和ある人格」こそ、「調和ある社会」の根幹となるといってよいでしょう。

　　＊饒宗頤(じょう・そうい) 1917年、中国・広東省生まれ。香港大学、シンガポール大学などを経て、香港中文大学終身主任教授。同名誉教授。米国エール大学、フランス国立社会科学高等研究院、ソルボンヌ大学、京都大学などの客員教授を歴任。漢学者・書画家・詩人として知られ、仏教学・儒学・考古学・敦煌学・言語学など、多岐にわたり万般の学芸を究める。中国研究を讃えてフランス学士院より「ジュリアン賞」受賞。著者に『漢字樹 古典文明と漢字の起源』『敦煌書法叢刊』ほか多数。中国国務院国家古籍整理委員会顧問。

　　＊孫立川(そん・りっせん) 1950年、中国・福建省生まれ。厦門(アモイ)大学中国語学部卒業。京都大学で文学博士号取得。専門は中国現代文学。魯迅研究の第一人者。著書に『駅站短簡』『西遊記弁証』など。現在、香港最大の出版社「天地図書」副総編集長。深圳大学、遼寧師範大学、清華大学深圳研究院で客員教授などを務める。作家、コラムニスト、翻訳家としても活躍。中国作家協会会員。

(28)「教育センター」「教育のための社会」「四権分立」「世界教育者サミット」

・『明日をつくる"教育の聖業"——デンマークと日本　友情の語らい——』
　ハンス・ヘニングセン／池田大作(潮出版社) 2009 (平成21) 年12月21日初版発行
　84～87ページ　第4章　義務教育の現在、そして未来、

222〜224ページ　第11章　教師像をめぐって、
273〜276ページ　第13章　いじめ・人権・環境教育

この点に関連して一つ言えば、私は、牧口会長の教育思想を踏まえて、教育に関する恒常的な審議の場として、政治の恣意的な影響を受けない、独立した機関「教育センター」（仮称）を創設し、新しい教育のグランドデザインを描いていく役割を担うべきであると主張してきました。（中略）

私が、かねてより「『教育権』を立法・行政・司法の『三権』から独立させて『四権分立』にするべきである」と主張してきたのも、教育は、国家権力によって左右されない自主性・独立性が欠かせないからです。

第二次世界大戦前、日本は、これと正反対の道を歩んでいった。一国をあげて狂った軍国主義教育がなされ、あの愚かな戦争へと、ひたすら走っていってしまいました。

それはともあれ、時代は刻々と動いています。私は、政府レベルの交流だけでなく、教育現場に携わる人たちの幅広い交流を兼ねた「世界教育者サミット」の定期開催を、日本が積極的に支援していってはどうかとの提案もしてまいりました。

*ハンス・ヘニングセン　1928年生まれ。54年オーフス大学大学院（デンマーク）を卒業後、ロディング・フォルケホイスコーレ（国民高等学校）の教員（59〜63年）を経て、ハーザスレウ国立教員養成所の上級講師（70〜80年）、そして世界的に有名なアスコー・フォルケホイスコーレ校長（80〜93年）、デンマーク教員育成大学協会理事長（93〜2003年）を務めた。さらに「全国フォルケホイスコーレ・農業学校連盟」の書記長（66〜69年）、「デンマーク文化協会」運営委員長（83〜98年）を歴任し、文部大臣の任命による「教員教育への新法律準備委員会」の初代委員長（87〜90年）に。94年には、デンマーク王室よりダンネブロ勲位「国家ナイト十字勲章」を受賞。『民衆不在の民主主義』『国民高等学校の前線の闘争』『デンマークの民主主義』『ヨーロッパの教会は社会に入っていくか』『人生の啓蒙』『民主主義と実在哲学』など、教育分野と「生の啓発」に関する論文・著作が多数ある。

(29)「四権分立」「教育国連」「大学の自治」「学生第一主義」

・『教育と文化の王道』池田大作／張鏡湖（第三文明社）
　2010（平成22）年3月1日初版第1刷発行
　214〜218ページ　第3章　教育の大道

ともあれ、自由な精神こそ、教育の生命です。ゆえに、私は、「教育権の独立」を、一貫して提唱してきました。「立法権」「行政権」「司法権」の三権に、

新たに「教育権」を加えた「四権分立」です。
　またSGI提言などで、繰り返し「教育国連」の創設を訴えてきました。それも政治的な思惑や国家の恣意的な利害に左右されない、グローバルな教育基盤の確立が必要であると考えてきたからです。健全な教育や思想の発達のためには、「学問の自由」をはじめとする「教育の独立」が不可欠です。

　＊張鏡湖（ちょう・きょうこ）1927年3月18日生まれ。中国文化大学理事長。国立浙江大学歴史地理学部卒業。米国クラーク大学で地理学博士号取得後、ハーバード大学研究員、ハワイ大学教授、世界銀行ブラジル農業開発顧問等を歴任。米国地理学会で発表論文数第2位に輝くなど、アメリカの学術界で活躍する。1985年に帰国後、中国文化大学理事長に就任。ロシア・サンクトペテルブルク大学、韓国・慶熙大学等より名誉博士号を受賞。著書に『世界の資源と環境』、論文に「世界の農業と起源」「地球温暖化の影響」「中国大陸の水資源の生態と経済発展に及ぼす影響」ほか多数。

(30)「四権分立」「世界教育者サミット」「世界大学総長会議」「教育国連」

・『平和の朝へ　教育の大光──ウクライナと日本の友情』
　池田大作／ミハイル・ズグロフスキー（第三文明社）
　2011（平成23）年5月3日初版第1刷発行
　123〜126ページ　第2章　核なき時代へ
　226〜230ページ　第3章　教育の聖業

　牧口初代会長は語っておりました。
　「地震計は、大地の震動を受けながら、しかも、まったく不動の状態を維持することによって、震度を測定することができる。
　それと同じように、教育の機関は、政治や経済や思想など、現実社会の動揺の圏内に立脚しながらも、その動揺に左右されず屹立して、社会をリードしていかねばならない」（『牧口常三郎全集　第六巻』第三文明社〈趣意〉）と。
　時の政治権力や社会体制がいかに変わろうとも、「人道」や「平和」といった教育の普遍的価値は、決して変わってはなりません。
　ゆえに、私は、かねてより、「教育権」を、立法権・行政権・司法権の「三権」から独立させて、「四権分立」にすべきであると主張してきました。また、政府レベルだけでなく、教育現場に携わる人たちの幅広い交流を兼ねた「世界教育者サミット」の定期開催なども提案してまいりました。
　「教育権」の独立を守り、永遠に、正しく人間と社会をリードしていくためです。

*ミハイル・ザハーロヴィッチ・ズグロフスキー　1950年1月30日、ウクライナ・テルノーポリ州生まれ。ウクライナ国立キエフ工科大学総長。同大学付属「応用システム分析研究所」所長。工学博士。同大教授兼副総長を経て、92年から同総長を務め、ウクライナ教育大臣（94年〜99年）として教育改革に尽力。サイバネティックスおよびシステム分析、地球情報学、数理地球物理学や、社会経済問題への応用分野で活躍し、受賞多数。ウクライナ、イタリア、エストニア、ベトナムの国家勲章を受章。専門分野で300本以上の論文や教科書を執筆し、ウクライナ科学アカデミー『システム研究と情報技術』誌編集長も務める。

(31)「教育のための社会」

・『平和の架け橋――人間教育を語る』池田大作／顧明遠（東洋哲学研究所）
2012（平成24）年10月15日第1刷発行
292〜295ページ、336〜340ページ
第4章「創造的人間」を育てる――創価教育と素質教育

　教育は、時勢や権勢に絶対に左右されてはなりません。私自身が体験してきた戦前日本の軍国主義教育の事例を挙げるまでもなく、誤った教育によって一番苦しむのは子どもたちであり、学生たちです。
　人間は手段ではなく、それ自身が目的である。人間の幸福を目指す教育もまた、社会のための手段ではなく、むしろ教育こそが社会の目的と考えるべきではないでしょうか。
　私が「社会のための教育」から「教育のための社会」へのダイナミックな思考転換をと訴えてきたのも、そうした考えからです。
　私は、中国の著名な歴史家である章開沅博士とも対談を行いましたが、かつて章博士は、近代中国の大教育者・陶行知先生の学説に関する国家的研究に携わられました。そうした成果を踏まえ、陶先生が、デューイ哲学の「教育即生活」「学校即社会」の思想を、「生活即教育」「社会即学校」へと発展させ、民衆教育を通して中国の近代化に寄与したことを論じておられました。
　「人間の幸福のための教育」の、一つの偉大なる先例といえましょう。

　　＊顧明遠（こ・めいえん）1929年、江蘇省江陰に生まれる。中国教育学会会長、北京師範大学教育管理学院名誉院長。北京師範大学に学んだのち、モスクワの国立レーニン師範大学教育学部を卒業。北京師範大学第二付属中学校校長、北京師範大学教授、同大学外国教育研究所所長、同大学副学長、中国教育国際交流協会副会長、世界比較教育学会共同会長、『比較教育研究』誌主幹、『高等師範教育研究』誌主幹などの要職を務め、中国教育界をリードしてきた。1991年に「全国優秀教師」に選ばれ、99年に北京市から「人民教師」称号を、2001年に香港教育学院から名誉教育博士の学位を受ける。20回以

上日本を訪問し、小中高等学校や幼稚園を数多く参観している。『比較教育学』『教育：伝統と変革』『国際教育新理念』など著作は多く、邦訳『魯迅―その教育思想と実践』（同時代社）『中国教育の文化的基盤』（東信堂）もある。

(32)「教育権の独立」「教育のための社会」

- 『新たな地球文明の詩を――タゴールと世界市民を語る』
  池田大作／バラティ・ムカジー

- 『灯台』2013年1月号（第三文明社）2013（平成25）年1月1日発行
  58～63ページ　第18回「教育のための社会」への挑戦

歴史の重い教訓です。教育の「独立性」と「主体性」の確保という課題は、戦後も、常に問われ続けてきました。

トインビー博士と対談した時にも、「（教育機関への）国家や大企業によるコントロールからの自由の保障」ということが一つのテーマになりました。博士は、「教育機関は、あくまで完全な自治的機関でなければなりません」と強調されていました。

初代会長の牧口先生も、時代が軍国主義へ傾斜する中、「教育権の独立」「教育権の不可侵」を掲げ、戦われました。（中略）

かつて日本で、大学紛争が吹き荒れ、大学運営に関する臨時措置法案が国会で強行採決されたりしていた時に、私も「大学革命について」（1969年）と題する一文を発表し、その中で、大学の再建には、教育の本来的意義からいっても、人間存在そのものについて、深く洞察した理念がなくてはならないと訴え、最後に、次代の人間と文化を創る聖業である教育は、時の政治権力にとって左右されることのない確固たる自立性を持つべきであると主張し、「教育権の独立」について強く提案したこともあります。

「学問の自由」そして「教育の独立」の重要性については、私もこれまで世界各国の教育関係者と意見交換してきました。自由な精神と自立こそ、「教育」の生命線であり、最大に尊重されなければなりません。それは、教育の政策を実施するにあたっても厳格に守らなければならないものです。

＊バラティ・ムカジー　1942年生まれ。西ベンガル州企画委員会元メンバー。西ベンガル州立ラビンドラ・バラティ大学前副総長。専門は、インド政治、女性問題、古代インドの政治哲学。ジャダブプール大学講師、カルカッタ大学政治学科講師、准教授を経て同大学教授を務めた。アジア協会永久会員、インド政治学会永久会員、西ベンガル州政治学学会永久会員、政治経済学ジャーナル永久会員。著書に『外交におけるカウティリアの概念：新解釈』『インド的視座における地域主義』『古代インド政治思想』がある。

(33)「『教育権』の独立」

- 『明日の世界　教育の使命 ── 二十一世紀の人間を考察する』
  ヴィクトル・A・サドーヴニチィ／池田大作（潮出版社）2013（平成25）年5月3日初版発行
  75～88ページ　第3章　真の人間のための学問 ── 目的観と哲学

　かつて総長は、「大学──直面する試練」という所感の中で、「教育における国家の安全保障」について触れられていました。
　──世界の歴史を振り返っても、教育や学問・文化が衰退しているのに、国が栄えた例はない。"国の経済が発展して豊かになれば、教育も豊かになる"のではなく、"豊かな教育こそが、豊かな国をつくる"のである。その発想の転換が必要である。
　また、「教育」が不自然に細分化されてしまい、本来持つ教育の意味がこじつけの机上の理論にすり替えられてもならない。
　そして、何よりも教育は「行政的な意図」に左右されないで、健全に機能し発展していくことが大切である──と。
　一つ一つに同感です。特に、最後の点は、私も、そうした意味での「教育権」の独立を40年以上前から提唱してきましたので、全面的に賛同いたします。

研究ノート001

池田SGI会長の四権分立関係提言の内容別分類

四権分立研究クラブ

　ここでは、矢野淳一氏の「池田SGI会長の四権分立、教育権独立等に関する提言集」の内容を中心に、提言の分類・整理を試みた。
　まずは、池田SGI会長が何をどのような理由から主張しているのかをそのまま正確に受け止めたうえで、その後の考察を行っていきたい。
（年数の記載のあるものは、元資料の発表年を指す）

項目

- 教育とは何か
- 教育の目的とは何か
- 教育の使命とは何か
- 教育と人間生命の尊厳との関連性とは
- 学問とは何か
- 教育と社会・政治・経済との関係はどうあるべきか
- 独立した教育行政機関の構成員は誰か
- 教育改革の根本的転換点は何か
- 教育への国家権力等からの財政支援の原則は何か
- なぜ四権分立・教育権の独立が必要なのか
- 教育国連とは何か
- 世界教育者会議、教育国連を考える世界教育者の会、教育国連構想ヨーロッパ準備会議、教育国連構想アジア準備会議、二十一世紀教育宣言とは何か
- 良い制度をつくれば教育は良くなるか
- 教育はなぜ最優先なのか
- 「教育のための社会」というパラダイムの転換の意義は何か
- 池田SGI会長自身による四権分立の具体案とは何か

教育とは何か

- 教育は文化の原動力である。1975
- 教育は人間形成の根本をなすものである。1975
- 教育は次代の人間をつくる事業である。1970
- 教育は、国民の精神形成、ひいては文明形成に多大な影響をおよぼすものである。1975
- 教育にまさる聖業はない。1999
- **教育が、人間生命の目的である。**2000
- 教育は、人間生命の目的そのものであり、人格の完成つまり人間が人間らしくあるための第一義的要因である。2000
- **教育があって、はじめて人間は「人間」になれる。その「人間」が社会を、国家をつくる。ゆえに「教育」こそ根本なのである。**2004
- **教育こそが人間の最も根元的な営みであり、人間は教育を離れてはありえない存在なのである。**したがって、教育は社会の一部分でもなければ、社会から派生したものでもないと位置づけざるをえない。2004
- 今の教育に、最も深く求められているものは、どの子も、無上の「尊厳性(むじょう)」と「智慧」と「可能性」を持った、かけがえのない宝であるという確固たる「人間観」「生命観」である。2009
- 法律をつくるのも、人間です。
  経済をつくるのも、人間です。
  科学をつくるのも、人間です。
  そして、その人間をつくるのが、教育です。2009
- **自由な精神こそ、教育の生命である。**健全な教育や思想の発達のためには、「学問の自由」をはじめとする「教育の独立」が不可欠(ふかけつ)である。2010

教育の目的とは何か

- 教育の目的は、人を人間にまで導く人間形成、人間建設、人間革命である。1969

- **本来、教育の目的は、個々の人間の尊重、独立人格の形成というところにおかれねばならない。**1984
- 教育の目的は学者が定めるものではなく、他の誰かに利用されるべきものでもない。人生の目的がすなわち教育の目的と一致すべきであるとの観点から、牧口先生は「教育は児童に幸福なる生活をなさしむるのを目的とする」としておられる。1984
- **教育は、「国家益」でなく、「人類益」の立場に立って、行われるべきである。**1999
- **教育の目的は子どもの幸福にある。**教育方法は、学習の主体としての子どもの価値創造の能力をどう涵養していくかを機軸に置くべきである。（いずれも牧口初代会長）2004
- 教育を手段視することは、人間を手段視することであり、根本の営みが毀たれるということは、人間の尊厳が踏みにじられることに他ならないからである。それゆえに、教育と権力の問題は、人間主義を標榜する後継の我々にとっても、常に念頭から離れることのない課題であり続けている。私が、四半世紀以上前から、立法、司法、行政の三権から教育権を独立させる「四権分立」構想を世に問うてきたのも、初代会長の遺志を継いでのものといってよい。2004
- 牧口先生は、「教育は、人生最高にして至難の技術であり、芸術である。教育こそが、この世で何物にも代え難い『生命』という無上の宝を育てるからだ」と宣言しておりました。（2013年10月21日付『聖教新聞』第35回全国人間教育実践報告大会へのメッセージ）
- 教育は、一人一人を本源から蘇生せしめゆく、究極の「生命尊厳」の挑戦であり、『平和創造』の王道であるといえましょう。（同上）

教育の使命とは何か

- 教育の使命は、偉大なる人間の中に秘められた偉大なる可能性を引き出し、それを磨き、さらに磨き上げて、完成へと導く中にある。1969
- 未来をつくるのが教育の使命であり、その担い手は教師にほかならない。2011
- いつの時代も、教育が権力に左右されたり、教育の本来の目的が見失われれ

ば、社会は行き詰まる。教育はすべての土台である。「目的観の明確な理解の上に築かれる教育こそが、やがては、全人類がもつ矛盾と懐疑を克服するものであり、人類の永遠の勝利を意味するものである。」とは、牧口会長の信念の叫びである。2011

教育と人間生命の尊厳との関連性とは

・教育の基底に、「人間生命の尊厳」をおくべきである。「人間生命の尊厳」——「生命価値」には、「人格」の側面と「人類」の概念も含まれる。つまり、「人類」が尊厳であるがゆえに、それを支える大自然に対しても、畏敬の念をもっていかねばならない。とともに、「人格」が尊厳であるがゆえに、一人ひとりの存在を認め合い、互いに尊重していかねばならない。
　この「人間生命の尊厳」という根底的、基本的な価値観こそ、世界中の人々が等しく共通に学んでいくべきです。その上にこそ、多様な価値観が豊かに開花し共存していくのではないか。
　これまで、人類は、とくに先進諸国において、経済的、技術的な価値を最優先にしがちであった。しかし、今、必要なことは、「人間生命の尊厳性」という根底的な価値を共有していくことである。その上で、経済的、技術的な価値や、多くの文化的、社会的価値を共存させ、対話を通じて調整していく作業が大切である。2005
・社会の進歩や発展には、**教育を支える人間主義の「哲学」が絶対に必要である。教育が偏った狭隘な思想に支配されたり、知識一辺倒で人間性の陶冶を見失ったりすれば、人類の前途は暗黒に覆われてしまいかねない。**2013

学問とは何か

・学問はあくまでも真理を探究するものである。1970
・学問の自由は、思想・良心の自由という、国民の権利として最も基本的なものにつながる重要な権利である。大学の自治は、それを保証するためのものである。1975

・研究者は、真理の探究を忘れず、政治や経済からの独立を確保し、自身の良心にしたがって研究を進め、成果を公表していく権利が保障されることが大切である。2000

教育と社会・政治・経済との関係はどうあるべきか

・もとより、学問、教育といえども、産業社会や、政治経済の現実から遊離して存在するものではないだろう。だが、それは、どこまでも、学問、教育にたずさわる人びとの、自主性において解決されることが望ましい。教育行政は、政治の実行機関である内閣とは関係のない、独自の機関の手にゆだねられるべきである。1970
・教育改革が、政治主導型で行われてはならない。政治権力というものは、古来、教育に限らず、すべてを支配下におこうとする傾向性を持つ。1984
・教育の本義は、人を、人間をつくる点にある。その意味からも、今後の教育改革に当たっては、従来の**政治主導型から人間主導型への転換**ということを、機軸に据えていかなければならない。1984
・「国家」があって、「教育」があるのではなく、「教育」があって「国家」があるのである。2004
・教育は「人間」という骨格をつくる。その人間があって、社会があり、産業も行政もある。2004
・"政治・経済が第一で、どこか、その側面か背後に教育がある"という捉え方は本末転倒である。2004
・教育があって、はじめて人間は「人間」になれる。その「人間」が社会を、国家をつくる。ゆえに「**教育**」こそ**根本**なのである。2004
・**教育こそが人間の最も根元的な営みであり、人間は教育を離れてはありえない存在なのである。したがって、教育は社会の一部分でもなければ、社会から派生したものでもないと位置づけざるをえない。**2004
・世界の歴史を振り返っても、教育や学問・文化が衰退しているのに、国が栄えた例はない。"国の経済が発展して豊かになれば、教育も豊かになる"のではなく、"豊かな教育こそが、豊かな国をつくる"のである。その発想の転換が必要である。また、「教育」が不自然に細分化されてしまい、本来持つ教育の意味がこじつけの机上の理論にすり替えられてもならない。そし

て、何よりも教育は「行政的な意図」に左右されないで、健全に機能し発展していくことが大切である。2013

独立した教育行政機関の構成員は誰か

・単に教師だけではなく、生徒、学生、民間の知的指導者も、できるだけ、平等に近い立場で参加できるようでなければならない。1970
・人間としてもっとも根本的な倫理(りんり)からはじめて、物事の正しい判断力を青少年に身につけさせるためには、教育はいかにあるべきかを真剣に考えている人々によって、教育の基本方針が定められ、また、その運営がなされていくようにならなければならない。1998
・四権分立による教育の最高方針を定めるのは、どんな人々であり、また、そのメンバーをどのようにして選ぶのか、といった具体的な問題はあるものの、まず根本的に、教育は、時の政治権力の干渉(かんしょう)しえない、独自の主体性をもつ分野として位置づけられなければならない。1998

教育改革の根本的転換点は何か

・現代の教育は実利主義に陥っている。これは次の二つの弊害をもたらした。
　①学問が政治や経済の道具と化して、その本来もつべき主体性、尊厳性を失ってしまったこと
　②実利的な知識や技術にのみ価値が認められるために、そうした学問をする人々が知識や技術の奴隷に成り下がってしまっていること
　　それらから人間の尊厳の失墜がもたらされた。
　　これらを、本来の、「人間としての基本的なあり方や人間存在の根本を明らかにする学問」、また「それを伝えていく教育」へと転換することが、どうしても必要である。1975

教育への国家権力等からの財政支援の原則は何か

- 教育と学問研究は、国家権力と密接な関係にある。1975
- 学問研究には巨額の費用を要し、国家権力の支援が必要となってくるが、国家利益に直結する分野の研究か否かによって優遇されたり、冷遇(れいぐう)されたりすることがある。1975
- 教育においても、国家利益に結びつく分野の教科が重視されたり、そうでないものは軽視されたりする。また、国家権力により教科内容に不当な干渉(かんしょう)がなされることがある。1975
- 教育の機会均等という面から考えると、教育費を全面的に個人の負担にすることはできないため、国家あるいは公共自治体が、その財源から教育を援助するという方式をとることは、やむをえない。ただし、その教育内容に干渉したり、または間接的にせよ教育に偏向(へんこう)をもたらすような施策(しさく)は、とられてはならない。1975
- 国家や公共自治体の援助の方法がどういう形で行われるか（財政援助はするが教育内容には干渉しないという方向性で）という問題が重要である。

なぜ四権分立・教育権の独立が必要なのか

- 教育は、時代の人間と文化を創る厳粛な事業である。したがって、時の政治権力によって左右されることのない、確固たる自主性を持つべきである。その意味から、これまでの立法、司法、行政の三権に、教育を加え、四権分立案を提唱する。(1969『潮』より)
- 教育は一個の人間をつくりあげる重要な作業であり、生命の絶対尊厳を教えていくのも教育の使命である。それには政治的権力によって左右されるものであってはならない。1973
- 教育権の独立は、人間の尊厳に深くかかわっている。1977
- 教育は、お金のかかる事業であるため、民衆に遍く教育を受けさせようとすると、国家が推進せざるをえないということになる。ところが、国家権力を握っている人々は、しばしば民衆が自ら考える力をもつようになることを嫌

い、権力に盲目的に従いながら、そのもとでそれぞれの仕事に対して有能であることを望む。その結果、知識や技術の習得に偏った教育となる。つまり、全体的な人間をつくることよりも、国家や産業などの機構の部品としての人間をつくろうとする、歪んだ教育になってしまいがちである。国によって程度の違いはあるが、現代の教育の特質は、まさにここにある。1984

・かねてから立法、行政、司法の三権から教育権を独立させる「四権分立」構想を世に問うてきたのは、政治主導型の教育がもたらす弊害や歪みを取り除くことを念願するからである。1984

・教育こそ、文化の原動力であり、人間形成の根幹をなすものである。したがって、教育は、国家権力からも独立した、独自の立場で組織され、学問的にも追究されるものでなければならない。1975

・人間の欲望の無限の肥大化を反映して、権力は、すべてをみずからの支配下に組みこ込もうとする傾向をもっている。他の分野はともかく、教育は、次代を担う青少年の人格を形成する分野であるため、これに、政治が干渉することは、人間形成というもっとも尊いはずの仕事が、そのときの権力によって左右されるということになり、人間の尊厳をふみにじることになりかねない。1998

・立法、司法、行政の三権分立に加えて、教育を第四権として自立させるべきであると考える理由は、**あまりにも教育の立場が弱く、とくに行政権力によって左右されてきたことに対する、解決策となるからである。**1998

・立法、司法、行政の権力分立自体、司法や立法が、行政権に支配されてはならない、との理念から立てられたものであるが、教育権の独立もそれと同じである。1998

・現実には、三権分立といっても、たがいに依存しあい影響しあっているように、教育を第四の権力として自立させたとしても、他の三権と密接にからみあっていくであろうが、司法が、そのときの政権の意向に左右されるのではなく、国の法律が定めた正義を守り、実現していくことをめざすように、教育も、その根本理念として、つぎの時代を担う人間教育をめざし、政権の意向に左右されないようなものでなければならない。1998

・教育を手段視することは、人間を手段視することであり、根本の営みが毀たれるということは、人間の尊厳が踏みにじられることに他ならないからである。それゆえに、教育と権力の問題は、人間主義を標榜する後継の我々にとっても、常に念頭から離れることのない課題であり続けている。私が、四半世紀以上前から、立法、司法、行政の三権から教育権を独立させる「四権

分立」構想を世に問うてきたのも、初代会長の遺志を継いでのものといってよい。2004
- 牧口会長は、「地震計は、大地の震動を受けながら、しかも、まったく不動の状態を維持することによって、震度を測定することができる。それと同じように、教育の機関は、政治や経済や思想など、現実社会の動揺の圏内に立脚しながら、しかも、その動揺に左右されずに屹立して、社会をリードしていかねばならない。」(『牧口常三郎全集』6、第三文明社、参照)と論じていた。私が、かねてより「『教育権』を立法・行政・司法の『三権』から独立させて『四権分立』にするべきである」と主張してきたのも、教育は、国家権力によって左右されない自主性・独立性が欠かせないからである。2009
- 時の政治権力や社会体制がいかに変わろうとも、「人道」や「平和」といった教育の普遍的価値は、決して変わってはならない。ゆえに、私は、かねてより、「教育権」を、立法権・行政権・司法権の「三権」から独立させて、「四権分立」にすべきであると主張してきた。また、政府レベルだけでなく、教育現場に携わる人たちの幅広い交流をか兼ねた「世界教育者サミット」の定期開催なども提案してきた。それは「教育権」の独立を守り、永遠に、正しく人間と社会をリードしていくためである。2011
- 教育は断じて、一時的な権力の意向に左右されてはならない。ゆえに、以前も申し上げたとおり、私も「四権分立」すなわち、政治権力からの「教育権の独立」を訴えてきた。また、この観点から、「教育権の独立」を世界的規模で実現するための「世界大学総長会議」や「教育国連」構想を主張してきた。2011
- トインビー博士と対談した時も、「(教育機関への)国家や大企業によるコントロールからの自由の保障」ということが一つのテーマになった。博士は、「教育機関は、あくまで完全な自治的機関でなければなりません。」と強調されていた。2013

教育国連とは何か

- 教育権の独立を、全世界的次元で具体化し、いかなる権力にも左右されない、平和教育機関をつくることが先決である。1973
- 教育国連の構成員は、教育の現場にたずさわる教師、また家庭教育の責任者である父兄、さらには、教育を受ける立場にあり、また先輩の立場にもある諸君たち学生、それに学識経験者を加える。1973
- 教育国連の目的は、真実の世界平和を実現し、国際間のあらゆる平和協力の実を上げることである。1973
- 教育国連の発想は、国際政治による平和への努力が空転し、行き詰まっている現代にあって、それを教育の力で真実の世界平和を勝ち取るための、最後の、そして確かな切り札である。1974
- 世界各国から教師、父母、学生、学識経験者が集まって「教育国連」をつくり、人類的視野にたった教育の実現を図るべきである。1975
- 教育国連の構想は、教育を政治権力から切り離し、平和のために国際的視野・基盤から教育を行うというものである。1986
- 教育国連は、教育者、父母、学生、学識経験者をもって構成し、諸国民の偏見、敵意、差別を取り除き、平和な二十一世紀の世界を築くため、全世界の青少年に教育を実施しようとするものである。1986
- 従来、国連は主権国家の利益が衝突する弊害にさらされてきた。しかし、教育事業は、人権の世紀を築くための根本的な事業であり、国家利益に従属したものであってはならない。したがって、「世界人権宣言」の精神を現実のものにしていくためには、「人類益」という立場を根本とした「教育国連」が必要である。そうして、「教育を受ける権利」を実現していかねばならない。1993
- 世界平和の実現の基盤となるのは、国家の利害を超えた教育次元での交流と協力である。この観点から、教育権の独立を世界的規模で実現するための「教育国連」構想を訴えてきた。2000

> 世界教育者会議、教育国連を考える世界教育者の会、教育国連構想ヨーロッパ準備会議、教育国連構想アジア準備会議、二十一世紀教育宣言とは何か

・明年、ハワイ（あるいは広島）で「第一回世界教育者会議」を開催してはどうかと提案する。この会議において、仮称「教育国連を考える世界教育者の会」を発足させてはどうか。かねてから私は世界的次元での「四権分立」的発想に立った「教育国連」の必要性を主張してきた。現在、ユネスコが抱える様々な問題を思うにつけ、二十一世紀の人類の教育を考える国際機関を民衆の英知を結集しつつ求めていくことが必要不可欠になっていると痛感する。もとより、この問題は相当な準備と時間がかかることはいうまでもなく、この世界教育者の会をさらに進め、各地域の実情を踏まえた「教育国連構想ヨーロッパ準備会議」や「アジア準備会議」等の必要な時が必ずやってくると思う。どんなに時間がかかろうとも、教育の問題は一歩一歩地道に積み上げていく以外にない。だが、地下水脈は必ずや地表の凍てつく大地を突き破って噴出してくるものである。その意味で皆さま方の忍耐強い努力をお願いしたい。さらに「世界教育者会議」では、「二十一世紀教育宣言」の採択を考えてはどうか。全地球的な課題を踏まえつつ、人類として、人間として二十一世紀の教育がどうあるべきかを徹底的に論議し煮つめてほしい。そして、誰人も納得しうる宣言を提起していっていただきたい。この宣言をもって各国各地の教育者が、自らの住む地で賛同の輪を広げ、二十一世紀への人間教育の大きなうねりとしていくことができれば、教育者の連帯も、青少年の活力も一段と豊かなものになっていくことであろう。（1984「教育の目指すべき道」より）

> 良い制度をつくれば教育は良くなるか

・教育が、どこまでも人間を対象とし、しかも多くが、未来をにな担う青少年の動向を決定するものであるだけに、**それにたずさわるあらゆる機関も教師もあふれるばかりの情熱と、確固とした教育理念をもっていなければならな**

い。その教育理念は、まずなによりも、**人間に対する徹底して深い洞察と理解、そして愛情がその根幹となるべきもの**といえる。その原点を踏みはずしていては、いかなる教育技術も、制度も、ビジョンも、砂上の楼閣に帰するしかない。1975
・社会の制度や仕組みは大切である。しかし、より重要なのは、それらを運用していく人間の心である。いかに制度が整っていても、人間のいかんによって、制度は悪用、形骸化されてしまう危険をはらんでいるからだ。(「新・人間革命(勇将・五)」聖教新聞、2013年)

教育はなぜ最優先なのか

・教育があって、はじめて人間は「人間」になれる。その「人間」が社会を、国家をつくる。ゆえに「教育」こそ根本なのである。2004
・アウレリオ・ペッチェイ氏は「どのような人材や財宝も、必要なものはすべて、絶対的優先順位をもって人間の質的向上と開発に注ぎ込まなければならない。」と言われた。教育界、大学のみならず、全世界がこうした信念を共有し、一致協力していくべき分岐点を迎えているのではないだろうか。2011

「教育のための社会」というパラダイムの転換の意義は何か

・教育が、人間生命の目的である。2000
・カントの人格哲学では、自由な主体である人格は、他の手段とされてはならず、それ自身が目的であるとした。それとは逆に、人間生命の目的そのものであり、人格の完成つまり人間が人間らしくあるための第一義的要因であるはずの教育が、常に何ものかに従属し、何ものかの手段に貶められてきたのが、日本に限らず近代、とくに二十世紀だったとはいえないだろうか。教育の手段視は、人間の手段視へと直結していく。2000
・"国家や社会のための教育"なのか、"教育のための国家や社会"なのか——これは、教育のあり方の根幹が問われる問題である。2002
・「国家」があって、「教育」があるのではなく、「教育」があって「国家」が

あるのである。2004
- 教育は「人間」という骨格をつくる。その人間があって、社会があり、産業も行政もある。2004
- "政治・経済が第一で、どこか、その側面か背後に教育がある"という捉え方は本末転倒(ほんまつてんとう)である。2004
- 人間の生命は、それ自体において、個性と尊厳性の輝きを放っていなければならず（教育のための社会）、強引に何らかの鋳型にはめこむ（社会のための教育）ようなことがあってはならない。それには、人間生命の創造とりわけ多様性に、十分留意していかねばならない。（中略）その意味からいって、文化とは、全人的教育を推進し、「教育のための社会」を構築しゆく、まぎれもない主役である。2004
- 現代の教育問題の原因の一つは、「教育は何のためにあるのか」という根本の教育観の歪(ゆが)みにある。2004
- 近年の教育は、ややもすれば、産業社会の役に立つ人材を育成することが主眼となり、人間を鋳型(いがた)にはめ込むようなものになっている。本来、それぞれの多様な可能性の開花を目指すべき教育が、社会の特定の価値観のもと、安易な画一性に流され、狭く限定されてしまっている。そして、その枠からはみ出た存在は、往々(おうおう)にして切り捨てられてしまう。これでは、教育の荒廃は避けられない。そういう現状に対して、私たちの創価教育は、「社会のための教育」という視点を打ち破り、「教育のための社会」への転換を目指したのである。この教育観の原点は、牧口初代会長の思想にある。牧口会長は、軍国主義教育が吹き荒れる最中(さなか)にあって、「教育は子どもを幸福にするためにある」と敢然(かんぜん)と叫んだのである。目の前の子どもの幸福を第一義とする――それが創価教育の眼目である。この「教育とは子どもを幸福にするため」という大目的に立てば、教育の在り方は大きく変わっていくであろう。2005
- 子どもたちの幸福のために、教育者や学校は何をなすべきか。家庭はどうあるべきか。社会は何ができるのか――。それぞれが、真摯(しんし)に問い続け、行動を起こし、連携していくことが、「教育のための社会」を築いていく土台となる。そのためのリーダーシップを中心となって担(にな)いゆく存在が、教育者である。2009
- 社会に師弟の麗(うるわ)しき人間関係が脈打(みゃくう)つときにこそ、本格的(ほんかくてき)に「教育のための社会」が実現(じつげん)するのではないだろうか。2011
- 2000年、私は「教育のための社会」への転換の必要を訴えた。これは今までの、いわば「社会のための教育」からのパラダイムの転換である。国家や

社会の繁栄のために個々人の教育がなされるのではなく、個々人の幸福のために、社会全体が教育について考え、携わっていくべきであるとの考え方である。2013
・「教育権の独立」という観点も「教育のための社会」という大地に、しっかりと根を張ってこそ、初めて芽吹いていくことができると確信している。2013

池田SGI会長自身による四権分立の具体案とは何か

・そこで私は、教育に関する恒常的審議の場として、新たに「教育センター(仮称)」を創設し、教育のグランドデザインを再構築する役割を担っていくべきと提案する。2000
・「教育センター(仮称)」の設置にあたっては、一つの独立機関として発足させ、政治的な影響を受けない制度的保障を講ずるべきである。内閣の交代によって教育方針の継続性が失われたり、政治主導で恣意的な改革が行われることを防ぐ意味からも、独立性の確保は欠かせない。教育は次代の人間を創る遠大な事業であり、時の政治権力によって左右されない自立性が欠かせない。2000
・「教育センター」が核となり、国立教育研究所などとも連携を図りながら、確固たる理念と長期的な展望に立った教育改革の方向性を打ち出していくべきである。2000
・政府レベルだけでなく、教育現場に携わる人たちの幅広い交流を兼ねた「世界教育者サミット」の定期開催を、日本が積極的に支援していってはどうかと提案する。2000
・社会全体の価値観の転換が不可欠である。2004
・日本の場合、近代教育システムの歪みをもたらした最大の要因は、"富国強兵"や"殖産興業"といった国家社会の目標がまずあり、本来、人間の全人的成育、人格形成をめざすはずの教育が、そのための手段に貶められてしまった点にある。目的であるはずのものが、手段になってしまっている——目先のことに一喜一憂するのではなく、この本末転倒をどう正すのかが、教育改革の根本に据えられなければならない。2004
・「社会のための教育」から「教育のための社会」への軌道修正を、どう風通

しよく行っていくかが、試（こころ）みられなければならない。2004
・時代は刻々（こっこく）と動いている。私は、政府レベルの交流だけでなく、教育現場に携（たずさ）わる人たちの幅広い交流を兼（か）ねた「世界教育者サミット」の定期開催を、日本が積極的に支援していってはどうかとの提案もしてきた。2009

記録001

「四権分立シンポジウム」の記録

四権分立研究クラブ

　ここでは、2013年2月9日に創価大学S201教室において有志（四権分立研究クラブ設立準備委員会）により開催されたシンポジウムの概要を掲載する。

　このシンポジウムは、池田SGI会長の提唱した四権分立についての、有志による研究開始を宣言するとともに、広く問題提起を行ったものである。
　シンポジウムでは、基調講演、パネルディスカッションの後、質疑応答が行われ、活発な意見交換がなされた。

「四権分立シンポジウム」の記録

- **開催日時** 2013（平成25）年2月9日（土）
- **会　　場** 創価大学S201教室
- **主　　催** 四権分立研究クラブ設立準備委員会（代表：大﨑素史）
- **参 加 者** 63名（教員、学生、院生、教育関係者、創価大学OB・OGなど）
- **式次第**

　・**開催あいさつ**　　大﨑素史

　　　　シンポジウム開催の経緯などの説明
　　　　今後の学問的な研究への協力のお願い等

　・**基調講演「創立者の教育権の独立の提唱」**
　　　　　　　大﨑素史　創価大学教育学部教授

　　　　我が国の教育状況に対する問題状況
　　　　国際的な教育状況に対する問題状況
　　　　教育権の種類
　　　　第四権としての教育権の提唱等
　　　　今後の研究課題等

　・**パネルディスカッション「四権分立の基本理念とその可能性」**

　　　パネラー
　　　　大﨑素史　創価大学教育学部教授（司会）
　　　　小山内優　前国際教養大学副学長（元政策研究大学院大学教授）
　　　　横山光子　公立小学校教諭（創価大学大学院文学研究科〈前期課程〉修了）

　　　パネラーからの提言
　　　《学校教育、教育行政とナショナリズム、ポピュリズムとの
　　　緊張関係を考える》（小山内）
　　　　　● 最近の体罰事件などに見る課題
　　　　　● 牧口・池田両先生の問題意識の背景

- 隣国や隣国民の悪口を言う教育の連鎖
- 四権分立・教育国連の意義
- 三権からの独立
- 内閣における教育大臣

《戦後の沖縄の教育税について》（横山）
- 戦後の沖縄の事情
- 教育税と区教育委員会制度
- 沖縄教育委員会法
- 教育税の納入義務
- 教育財政問題の重要性

パネルディスカッションの様子

「**質疑応答**」（一部抜粋、要約）

- 戦後の沖縄の教育委員の選出方法はどうなっていたのか？

　　　横山─公選制教育委員会制度だったため、直接選挙で選ばれていた。

- 財政問題において教育に投資する重要性は何か？

　　　横山─教育にかけるお金は長期的に考える必要がある。
　　　　　子どもにとって一番良い環境を考えることが重要。
　　　小山内─教育費のほとんどは教員の人件費だが、途上国では教員の給与も地位も低く、問題が多い。

- 戦後の沖縄の制度は現在の教育にどのような影響があるのか？

　　　横山─影響は現れていないし、現在の日本ではほとんど研究されていない分野である。

- 学校自治について、外国では児童・生徒が経営に参加する学校があると聞いたが、日本ではどうなのか？

　　　大﨑─フランスでは親子会議というものがあり、子どもが代表者として議論している。日本では、学校運営協議会がつくられている学校があるが、子どもの参加まではまだ認められていない。
　　　小山内─日本の大学では、学生はあまり委員会に参加しないが、欧米では学生の参加がある。

- 学生側から可能な教育の意識改革の方法はあるか？

　　　小山内─国際教養大学では学生に授業の評価をさせていて、授業の質、教員のレベルアップにつながっている。

あとがき

　「四権分立」の研究は、池田先生の論文発表から44年の歳月を超えて、緒（ちょ）についたばかりである。いささか遅きに失した感はあるが、先哲の啓蒙により目覚めた民衆による勇気ある一歩であると自負している。
　ここで、実は、この研究の必要性を真摯（しんし）に熱心に訴えた一社会人との出会いのことを紹介したい。
　私が、本学（創価大学）の通信教育部のスクーリングで教育行政学の授業を担当した2007年のこと、受講生の一学生（社会人・男性）から、授業終了後、「四権分立」の実現に向けて今こそ挑戦すべきであるとの想いを受けたのである。その時、彼の真摯で熱心なまなざしは我が命に刻まれた。それまでの私の想いを再び触発させていただくとともに、彼の想い、すなわち池田先生の想いに応えるべき使命を共にして、今こそ立ち上がる時であると自覚させられたのである。
　このような背景があればこそ、時を得て、すばらしき共感・同想の志士が集い、本研究活動を企画できたということをここに記したいと思う。

　民主主義的教育とは、このように一人一人の教育に対する想いを基礎・基本にして、しかも絶えず尊重していく営みではないかと考える。

　「四権分立研究クラブ」に集っているメンバーの方々は、この「クラブ」が結成されるまでは、各人がこの研究に携わることに強い問題意識と使命を感じ、そして長年の間考察し研究してこられた方々である。だからこそ、ここに、短期間とはいえ出版に到ることができたのであると断言したい。見事なる協働の成果であると自負したい。このエネルギーは、止むことなく、着実に、堅実に展開することはまちがいないと思う。

次なる研究成果の出版活動などを楽しみにしている。

「まえがき」に記したように、多くの方々によってこの論評や考察が行われてきた。しかし、これまで「体系的組織的な研究」を目指す試みはなかったといってよいと思う。「体系的組織的な研究」でなく「個人的な研究」ですばらしい研究論文・提言等があったことは私としては承知しているつもりであるが。

なぜ「体系的組織的な研究」ということに固執するかといえば、「四権分立」の研究は、その内容上、一個人の研究の力量をはるかに超えるものがあるといえるからである。その理由は、本書の論文、資料、研究ノート、講義等記録などを振り返っていただければ、ご了解いただけると思う。教育の尊厳を保障していくためには、研究として総合力の成果が求められると思うからである。

なお、本書に掲載されている各執筆者による「四権分立」に関する考察や試案などは、各執筆者の責任で記されたものであり、研究の域を出ないものであることをご了解願いたい。

最後に、本書の企画段階から種々にご傾聴いただき、種々にご助言をいただいた第三文明社に深く敬意と感謝を表するものである。

大﨑素史

■ 執筆者一覧

大﨑素史（創価大学教授）
東京大学大学院教育学研究科教育行政学専攻博士課程満期退学

小山内優（創価大学教授）
東京大学法学部卒業、桜美林大学大学院大学アドミニストレーション研究科
修士課程修了

石坂広樹（鳴門教育大学大学院准教授）
創価大学法学部卒業、コスタリカ大学大学院政府及び公共政策学科
博士課程修了

横山光子（公立小学校教諭）
創価大学大学院文学研究科教育学専攻博士前期課程修了

矢野淳一（公立小学校教諭）
岐阜大学大学院教育学研究科カリキュラム開発専攻修士課程修了

四権分立研究クラブ
第四権としての教育権の独立を目指す研究に関心・意欲を有する者が集い、2013年4月20日創価大学キャンパスにて自主的な研究クラブとして発足した。
（2013年11月18日現在24名登録）

四権分立の研究──教育権の独立

2014年3月16日　初版第1刷発行

編著者　大﨑素史
発行者　大島光明
発行所　株式会社　第三文明社
　　　　東京都新宿区新宿1-23-5
　　　　郵便番号　160-0022
　　　　電話番号　03-5269-7145（営業代表）
　　　　　　　　　03-5269-7154（編集代表）
　　　　振替口座　00150-3-117823
　　　　URL http://www.daisanbunmei.co.jp

印刷・製本　壮光舎印刷株式会社

©OSAKI Motoshi
ISBN 978-4-476-09026-0
乱丁・落丁本はお取り替えいたします。ご面倒ですが、小社営業部宛お送りください。
送料は当方で負担いたします。
法律で認められた場合を除き、本書の無断複写・複製・転載を禁じます。